Das Bild in der Metapher

Matthias Junge
(Hrsg.)

Das Bild in der Metapher

Bilder des Erfolgs – Bilder des
Scheiterns

 Springer VS

Hrsg.
Matthias Junge
Institut für Soziologie und Demographie
Universität Rostock
Rostock, Deutschland

ISBN 978-3-658-24561-0   ISBN 978-3-658-24562-7   (eBook)
https://doi.org/10.1007/978-3-658-24562-7

Die Deutsche Nationalbibliothek verzeichnet diese Publikation in der Deutschen Nationalbibliografie; detaillierte bibliografische Daten sind im Internet über http://dnb.d-nb.de abrufbar.

Springer VS
© Springer Fachmedien Wiesbaden GmbH, ein Teil von Springer Nature 2019

Springer VS ist ein Imprint der eingetragenen Gesellschaft Springer Fachmedien Wiesbaden GmbH und ist ein Teil von Springer Nature
Die Anschrift der Gesellschaft ist: Abraham-Lincoln-Str. 46, 65189 Wiesbaden, Germany

Inhaltsverzeichnis

Einleitung

Matthias Junge

Das Bild stellt eine besondere Herausforderung für die soziologische Metaphernforschung und -theorie dar. Es markiert einen weiteren Entwicklungsschritt in der Auseinandersetzung mit Metaphern. Die Metaphernforschung nahm ihren Ausgang von der antiken Rhetorik, wurde neuzeitlich dann zum Gegenstand einer sprachwissenschaftlichen Befassung und erst spät entwickelte sich ein soziologisches Interesse an der Metaphorik. Dieses Interesse hat nun mit dem Verständnis des Bildes als Metapher einen neuartigen Gegenstand hinzugewonnen.

Dabei kann eine metaperntheoretisch orientierte Bildanalyse von vielerlei Entwicklungen wie auch offenen Fragen profitieren. Die Entwicklung der Arbeiten zur visuellen Kultur als soziologischer Aufgabenstellung gibt wichtige Hinweise zur Erforschung der sozialen Wirkung der Bildlichkeit (vgl. nur statt vielem: Michael R. Müller und Hans-Georg Soeffner (Hg.) 2018: Das Bild als soziologisches Problem). Hinzukommen Arbeiten der kulturwissenschaftlich orientierten Bildforschung (etwa das interdisziplinäre Handbuch Bild von Stephan Günzel und Dieter Mersch 2014), Beiträge der Analyse von Gestik und Mimik, auch der Emotionsforschung und schließlich alle Versuche, dem Bild methodisch gewachsen zu sein. Dabei zeigt sich vor allem in der letztgenannten Diskussion, dass hier auch das Selbstverständnis der Soziologie betroffen ist.

Denn soziologische Forschung und Empirie arbeitet mit vertexteter Wirklichkeit. Anders: Die soziale Wirklichkeit der Soziologie liegt ihr als Text vor. Fraglich ist bislang, ob eine „Vertextung des Bildes" möglicherweise etwas von der Unmittelbarkeit des Bildes im Modus der Synchronizität verliert? Ebenso offen

M. Junge (✉)
Universität Rostock, Rostock, Deutschland
E-Mail: matthias.junge@uni-rostock.de

© Springer Fachmedien Wiesbaden GmbH, ein Teil von Springer Nature 2019
M. Junge (Hrsg.), *Das Bild in der Metapher,*
https://doi.org/10.1007/978-3-658-24562-7_1

1

ist, ob man Methoden einer linguistisch von George Lakoff und Mark Johnson inspirierten Metaphernforschung auf die Analyse von Bildern übertragen kann.

Während einer Tagung zum Thema „Bilder des Scheiterns – Bilder des Erfolgs" im August 2018 in Rostock wurde erprobt, wie eine soziologische Metaphernanalyse von Bildern aussehen könnte. Der Band präsentiert diese Vorstellungen. Und damit auch die Vielfalt der Möglichkeiten wie auch der Äußerungen von Skepsis gegenüber der Nutzung des Bildes. Die Beiträge zeigen aber vor allem, dass das Bild einer Auseinandersetzung wert ist und neuartige Einsichten ermöglicht.

Thematisch waren alle Beiträge um den Gegenstand von Erfolg und Scheitern in oder auch an der Gesellschaft fokussiert. Denn Erfolg und Scheitern stellen zwei zentrale gesellschaftliche Konzepte der Beurteilung von Handlungen bereit. Nach Erfolg wird gestrebt, das Scheitern zu vermeiden gesucht. Aber abstrakte Definitionen von Erfolg und Scheitern sind relativ zum Kontext und zum Beurteilungsmaßstab. Anders: Was einerseits als Erfolg beurteilt werden kann, das kann an anderer Stelle als Scheitern bewertet werden und umgekehrt. Beide Konzepte beschreiben gesellschaftliche Vorstellungen in Abhängigkeit vom jeweiligen Kontext und Bewertungsmaßstab.

Zudem wirft die Abstraktheit und Relativität beider Konzepte sofort Fragen nach ihrer bildlichen Erfassung und Darstellung auf, denn Bilder werden oftmals als Hilfsmittel zum Verständnis oder zur Verdeutlichung des Gemeinten eingesetzt. Dabei wird jedoch häufig übersehen, dass die Auswahl des jeweiligen Bildes subjektiven Vorstellungswelten der Orientierung folgt und selbst noch die Bedeutung eines Bildes oftmals unklar ist. Besonders verdeutlichen kann man das etwa an der Vielfalt von Interpretationen des Bildes „Der Schrei" von Edvard Munch. Nur vordergründig ist das Bild auf eine eindeutige Aussage zu reduzieren. Sieht man genauer hin, so schwindet diese Sicherheit und weitere Interpretationsangebote tauchen auf und bevölkern so insgesamt den Raum der möglichen Bedeutungen dieses Bildes.

Welche typischen Bilder werden benutzt, um Erfolg, welche, um Scheitern zum Ausdruck zu bringen? Um etwa Erfolg zu verdeutlichen, zu verbildlichen, kann auf das Bild des siegreichen Sportlers zurückgegriffen werden. Aber dessen Weg zum Sieg war begleitet von den unvermeidlichen Misserfolgen der Niederlage, begleitet vom Scheitern an den Maßstäben des Erfolgs. Ähnliches gilt für alle Maßstäbe des Erfolgs, seien des Manager, Banker genauso wie auch Bettler oder Obdachlose.

Betrachtet man den Zusammenhang von Erfolg und Scheitern so, als abhängig von Kontext und daher relativ zum Beurteilungsmaßstab, dann eröffnet gerade deren Analyse Einblicke in die gesellschaftlichen Strukturen, Erwartungen, Normen und Maßstäbe. Und diese Kontexte suchten die Beiträge auf, um Einsichten darüber zu gewinnen, wer was wann und wo als Erfolg oder als Scheitern sah. Die einzelnen Beiträge versuchen dies auf unterschiedliche Weise. Die ersten beiden Beiträge sind grundsätzlichen Fragestellungen im Hinblick auf das Bild gewidmet. Die zweite Gruppe zeigt an Beispielen auf, welche Erkenntnisse mit der Berücksichtigung des Bildes bei der Untersuchung in unterschiedlichen Feldern zu gewinnen sind.

Der Beitrag von *Matthias Junge* versucht, das Bild für die Soziologie interessant zu machen und fragt nach der Rückwirkung eines solchen Vorgehens für das Selbstverständnis der Soziologie. Den Schwierigkeiten der Aufnahme des Bildes im Rahmen einer visuellen Analyse widmen sich gemeinsam *Lutz Finkeldey* und *Björn Sedlak*. Der Beitrag von *Corinna Onnen* zielt in den Kern der Frage nach der Bedeutung von Erfolg und Scheitern im Lebenslauf und zeigt die Bewertungsdimension der Einschätzung einer Biographie als erfolgreich oder gescheitert. Anschließend fragt *Maria Keil* nach den Maßstäben des Erfolgs und des Scheiterns in berufsbiographischen Interviews mit promovierten Sozialwissenschaftlern. In deren Selbstbeschreibung dominiert die Metaphorik von Glück und Pech als Stellvertreter für Erfolg und Scheitern von Karriereplänen. In den Nahostkonflikt führt die Analyse des visuellen Diskurses im Libanon durch *Tim Bausch*. Er zeigt im Rahmen ethnographischer Feldforschung zwei Mechanismen auf, die genutzt werden, um Erfolg und Scheitern jeweils aus den Perspektiven unterschiedlicher Interessengruppen zu visualisieren. Unter Nutzung der Möglichkeiten der dokumentarischen Methode zeigt *Oliver Zöllner* an einem idyllisch wirkenden Bild des britischen Herzogenpaares Kate und William mit ihrem Sohn George im Park von Buckleybury auf, welche Realität damit suggeriert wird. Und *Rudolf Schmitt* widmet sich unter Rückgriff auf eine an die kognitive Metapherntheorie angelehnte Methodik der Bildanalyse der Deutung zweier Bilder aus einer Reportage über die Tourist Trophy 2018.

Wie immer ist zu Ende dieser Einführung anzumerken, dass die Beiträge nicht versuchen, das Ganze des Bildes in seiner Bedeutung für die Soziologie zu erfassen. Vielmehr geht es um erste Annäherungen an das Bild. Der Band ist gedacht als Eröffnung eines Zugangs zur Metaphorik des Bildes.

Teil I
Grundsätzliches zum Bild im Sprachbild

Images von Scheitern und Erfolg, oder: Das Bild im Sprachbild

Matthias Junge

Der Beitrag möchte die Chancen und Grenzen einer Analyse des Bildes im Sprachbild im Rahmen der Handlungswissenschaft Soziologie exemplarisch aufzeigen. Dabei wird auch angedeutet, wie ein umfassenderes, das Bild einschließende Verständnis der Soziologie als Bild-Text-Wissenschaft dem Bild einen angemesseneren Platz in den Untersuchungen der Soziologie einräumen könnte.

Vorbemerkungen
Scheitern und Erfolg sind (abstrakte) Allgemeinbegriffe. Besonders Scheitern ist kaum erforscht, erste Anfänge (Junge und Lechner (Hg.) 2004; Junge 2014) wurden. nicht aufgegriffen (John und Langhof 2014, S. 3). Anders formuliert: Die soziologische Konzeption des Scheiterns scheint gescheitert.

Eine ausführliche Diskussion möglicher Ursachen hierfür kann an dieser Stelle unterbleiben. Zu erwähnen ist aber, dass es bis heute nicht gelungen ist, und vermutlich auch nicht gelingen kann, die unüberschaubare Vielzahl von Formen des Scheiterns zu systematisieren. Angemerkt sei zudem, dass mit der spiegelbildlichen Zuwendung zum Thema des Erfolgs, die Soziologie dem gesellschaftlichen Selbstverständnis aufsitzt und sich den bereits bei Durkheim in seiner Selbstmordstudie (1987) exemplarisch formulierten Interessen am Sonderfall, der empirischen Irritation, der Abweichung von der Norm und ihrer Erklärung, zu verschließen scheint.

M. Junge (✉)
Universität Rostock, Rostock, Deutschland
E-Mail: matthias.junge@uni-rostock.de

© Springer Fachmedien Wiesbaden GmbH, ein Teil von Springer Nature 2019   7
M. Junge (Hrsg.), *Das Bild in der Metapher,*
https://doi.org/10.1007/978-3-658-24562-7_2

Zum Verständnis von Erfolg und Scheitern könnten wir auf bereichsspezifische Beispiele verweisen – damit aber etwas von der Abstraktion zurücknehmen (vgl. Junge 2014). Oder wir könnten die Hoffnung auf (assoziierte) Vorstellungsbilder, images in der Bildtheorie William Mitchells (vgl. 1994) des Gemeinten setzen, damit aber die Kontrolle von ego über alter egos Assoziation verlieren. Mit dem image, dem Vorstellungsbild, rückt die Frage nach dem Bild im Sprachbild in den Vordergrund der Untersuchung metaphorischer Rede.

Diese Frage kann konkretisiert werden: Welcher Vorstellungsbilder werden mit einer Aussage Egos von Alter Ego assoziiert? Hier wiederholt sich das Grundproblem jeder Analyse von Intersubjektivität: Wie kommt es, dass sich ego und Alter Ego zu verstehen scheinen, obwohl sie füreinander undurchschaubare Blackboxes sind?

Was ist ein Vorstellungsbild? Dieser zusammengesetzte Begriff hat wie das Konzept des Sprachbilds zwei Teilbegriffe: Vorstellung und Bild. Und genau besehen sogar noch seine Bedeutung als zusammengesetzter Begriff, die aber im Fortgang der Überlegungen zu klären gesucht wird. Zentral ist vor allem die Klärung der Bedeutung des Bildes.

Zu Beginn ist zu klären, was überhaupt ein Bild ist. Hierzu gibt es vielfältige Vorarbeiten, insbesondere das Handbuch „Bild" (2014)[1] und die Forschungen Mitchells zur Bildtheorie (vgl. 2018b). Aber das dort auffindbare Bildverständnis, aufgespannt zwischen picture und image, trifft zwar mit image das von mir gemeinte Vorstellungsbild. Und Mitchell bietet mit der These der Gleichursprünglichkeit von Schrift und Bild auch eine mögliche Deutung ihres Verhältnisses im Sprachbild an und beschreibt den scheinbaren Konflikt zwischen beiden als Ausdruck eines „Kampf um Herrschaftsgebiete" (2018b, S. 73). Dieser ist ihm zufolge jedoch immer zugunsten der Priorität des Sprachlichen (vgl. 2018b, S. 73) entschieden. Für die Frage nach den von Metaphern evozierten Vorstellungsbildern sind seine Ausführungen jedoch nicht hilfreich, weil ihn vordringlich das Bild interessiert.

Zudem ist ein Bild zumeist gerahmt. Welche Bedeutung hat der Rahmen für das Bild? Denn im übertragenen Sinne ist der Rahmen für ein Bild bedeutsam, weil er das je besondere Bild zu erzeugen hilft (vgl. Simmel 1902) und in diesem Sinn das Bild erst konstituiert. Aber den Ausführungen Simmels fehlt nicht nur eine Analyse des Bildes im Sinne von Mitchells picture, weil er sich sofort und

---

[1]In diesem Zusammenhang ist es von Interesse, dass die umsatzstärkste deutsche Tageszeitung sich BILD nennt und damit im Titel einen besonderen Vermittlungskanal für ihre „Informationen" an- und verspricht.

ausschließlich dem Rahmen zuwendet. Sondern er versteht Bilder zudem als picture und schließt damit Vorstellungsbilder, images im Sinne Mitchells aus. Weitere Muster solcher Konzeptionen finden wir etwa in Goffmans Rahmenanalyse (vgl. 1977) oder den Thesen zu Skripts im Zusammenhang mit der SEU-Theorie (vgl. Esser 1993). Aber auch diese erreichen das Bild im Sprachbild nicht, weil sie nicht von einer Eigenständigkeit des Bildes und der Bildlichkeit für das Verstehen von (sprachlichen) Äußerungen ausgehen.

Das ist im Übrigen gerade für die von Hartmut Esser vertretene SEU- bzw. Rational Choice Theorie interessant, weil die zentrale Begrifflichkeit – etwa frame (Rahmen) oder script (Handlungsvorstellung) – Bilder verwendet. Und es kann sein, das wäre theoretisch eingehend zu prüfen, dass die verwendeten Bilder Einfluss auf das mit ihnen Gemeinte haben. Kurz: Dass Bilder die mitlaufenden Vorstellungsbilder beeinflussen.

Das aber benennt die Ausgangsannahme der nachfolgenden Ausführungen zum Bild im Sprachbild: Die Bildlichkeit eines images ist eine eigenständige Dimension im Sprachbild, die lange zugunsten der Sprachlichkeit der Metapher vernachlässigt wurde.

Im Folgenden möchte ich die Chancen und Grenzen einer Analyse des Bildes im Sprachbild in mehreren Schritten – der beispielhaft vorgehenden Einleitung (1), einer Analyse der Chancen der Bildanalyse (2), und ihrer Probleme insbesondere im Rahmen der Handlungswissenschaft Soziologie (3) – unternehmen und dabei andeuten, wie ein umfassenderes, das Bild einschließende Verständnis der Soziologie als Bild-Text-Wissenschaft dem Bild einen angemesseneren Platz in den Untersuchungen der Soziologie einräumen könnte.

1   Einleitung

Bislang hat sich die Metaphernforschung, vor allem bedingt durch ihre starke Anlehnung an die linguistisch inspirierte Metaphernforschung sehr deutlich auf das Konzept der (Schrift-)Sprachlichkeit einer metaphorischen Äußerung konzentriert und wesentliche Beiträge entfalten können. Hier ist vor allem die grundlegende Arbeit von George Lakoff und Mark Johnson (vgl. 2003) zu erwähnen. Sie können zeigen, dass Metaphorik nicht nur unsere Art zu Denken prägt, sondern insbesondere, dass ohne Metaphorik im Prinzip kein Gedanke geäußert werden kann. Ihnen folgend ist eine metaphorische Äußerung im Regelfalle aufgefasst worden als eine sprachlich geäußerte Vorstellung, die der linguistischen Methodik unterworfen werden konnte.

Aber die gesamte Diskussion weist dadurch einen deutlichen Mangel auf: Denn eine metaphorische Aussage wird auch durch ihre Bildlichkeit getragen. Das heißt für das Interesse an der Erfassung der Bildlichkeit von Sprachbildern: Es fehlt momentan die intensive Zuwendung zur Bildlichkeit einer sprachbildlichen Äußerung.

Wir sprechen zwar problemlos von Sprachbildern, und sehen auch im Regelfalle, dass das Wort selbst eine Metapher darstellt, wir übergehen jedoch oftmals ihren Bildgehalt. D. h. wir sprechen über Sprachbilder und sehen dabei nur selten, dass es auch und vor allem Vorstellungsbilder sind, die das soziale Handeln anleiten.

Bildlichkeit, und dies macht die Zurückhaltung ihr gegenüber auch ein wenig verständlich, lässt sich nicht mit Mitteln begreifen, thematisieren und methodisch erfassen wie sprachlich Verfasstes. Bereits Nelson Goodman (vgl. 1990) hat darauf hingewiesen, dass schriftlich Geäußertes sich einer analytischen Dekomposition öffnet, während Bilder und Bildlichkeit dies nicht gestatten. Das ist vor allem so, weil Bilder keine prädikative Struktur (vgl. Boehm 2004) aufzuweisen scheinen. Und das bedeutet, sie sind vermutlich einer in Anlehnung an Lakoff/Johnson ausgeführten Bildanalyse nicht zugänglich.

Nachfolgend werde ich vorläufige Ideen zur soziologischen Annäherung an die Bildlichkeit zusammentragen, indem einige ihrer Chancen und Probleme skizziert werden.

2   Chancen der Annäherung an die Bildlichkeit

Die erste Chance auf die wir treffen ist, dass wir aus historischen Studien wissen, dass der Mensch zuerst Bilder benutzt und versteht. Historisch sind Bilder eine der ersten Kommunikationsformen. Wir können dies an den Höhlenmalereien von Lascaux oder von Altamira erkennen. Ebenso lässt sich das am Dachstein von Pari Nos am Onegasee deutlich machen, einer komplexen Darstellung des damaligen sozialen Lebens entlang der Üblichkeiten des typischen Jagens in den unterschiedlichen Jahreszeiten (vgl. Haarmann 2004, S. 24). Kurz: Die erste Form des Ausdrucks in der Geschichte war die bildliche Darstellung von Sachverhalten.

Die zweite Chance bestände im Lernen von der Kognitions- und Entwicklungspsychologie und ihren Hinweisen auf frühkindliche Lernprozesse als ganzheitlichen. Die frühen Lernschritte beginnen mit der Wahrnehmung von Bildern. Diese erfolgt über ihre Gestaltwahrnehmung als Ganzes. Erst in späteren Entwicklungsstufen kommen die Schrift und damit die analytische Perspektive hinzu.

Die dritte Chance besteht in den Einsichten der Einstellungsforschung, denn eine Einstellung kann als zum Bild gerinnende Verdichtung verstanden werden. Anders: Eine Einstellung lässt sich als Bild zusammenfassen. Und dabei ist interessant, dass das gewonnene Bild das Dargestellte mit Handlungen verbindet. Anders: Vorstellungsbilder von (abstrakten) Einstellungen sind (konkrete) Handlungsbeschreibungen und -aufforderungen. Am Beispiel: Sie könnten die Einstellung haben, dass in Not geratenen Flüchtlingen zu helfen ist. Dann erscheint diese Einstellung als Vielzahl korrespondierender Handlungen wie etwa Brote schmieren, Geld überweisen, Zelte aufbauen, gemeinsam kochen usf. Welches der Bilder dabei erscheint ist nicht bedeutsam, wichtig ist, dass das Bild einer Handlung oder eines Bündels von Handlungen die Einstellung „übersetzt". Anders: Einstellungen legen Handlungen nahe.

Hinzu kommen viertens Ergebnisse der Arbeit zum Konzept der Deixis, der Hinweisung. Die Deixis ist, wenn man der evolutionären Anthropologie von Michael Tomasello (vgl. 2006, 2011) folgt, eine grundlegende Fähigkeit, die erst der Intentionalität menschlichen Handelns angemessen Raum gibt. Die Deixis lässt erahnen, welchen zentralen Stellenwert der Hinweis für den Menschen und seine Entwicklung als soziales Wesen hat.

Das beschreibt Gottfried Boehm sehr anschaulich:

> Wer zeigt, hebt etwas heraus, macht es sichtbar, indem er es in seiner anschaulichen Einbettung isoliert. Die zeigende Gebärde repräsentiert einen Fernsinn, sie weist hin, ohne greifen zu müssen. Sie hat, im ursprünglichen Sinne, eine theoretische Potenz und Orientierung, sie zielt auf etwas, schafft dem Blick eine neue Bahn, tut, was sie tut mit einer eigentümlich betonten Aufmerksamkeit (Boehm 2004, S. 34).

Buchstabiert man diese Beschreibung aus, dann ist vor allem festzuhalten: Die Deixis unterbricht den Vollzug einer Tätigkeit durch den mit ihr gegebenen Hinweis. Eine Praxis wird unterbrochen, weil das Objekt der Hinweisung fixiert werden muss, um den Sinn der Deixis zu entschlüsseln. Ohne Fixierung funktioniert der Hinweis nicht, er läuft leer.

Damit ist auch angesprochen, dass die Deixis besonders wirksam ist, wenn der Hinweis bildlich erfolgt. Denn die Deixis ist eine bildliche Verweisung, und damit besonders „schnell" Die Kommunikation mit und durch Bilder ist um ein Vielfaches schneller als eine textlich verfasste Deixis, etwa: Anmerkungen, Zitate, Autorennennungen, Fußnoten, Literaturverzeichnisse. Aber die textlich verfasste Deixis hat auf der anderen Seiten einen großen Vorteil: Sie kann in Ruhe geprüft werden. Das gilt für die bildliche Deixis nicht, sie wirkt und bewirkt durch ihre Unmittelbarkeit (vgl. Mitchell 1994).

Im Zeitalter der visuellen Kultur (vgl. Mitchell 2008) können wir davon ausgehen, dass wir entwicklungsgeschichtlich von einer Abfolge von Mündlichkeit
zu Bildlichkeit und schließlich zur Schriftlichkeit auszugehen haben. Dabei ist
allerdings zu beachten, dass Bildlichkeit auch eine erste Phase der Schriftlichkeit
darstellt, denn Bilder können als eine erste Schrift aufgefasst werden. Und Bild-
schriften lassen sich bis heute in vielen Kulturen finden.

Nicht nur die viel beklagte Bilderflut lässt die Rede von einer Bildkultur greif-
bar werden, sondern Bilder sind zu einem wesentlichen Element unserer Kommunikation geworden. Kommunikation ohne Bilder, Symbole, Zeichen und
Anzeichen scheint nicht möglich. Das bedeutet, die Analyse der Bildlichkeit in
ihren sozialen Funktionen als Medium, als Ressource und auch als Produkt der
Kommunikation kann in den Mittelpunkt der Analyse rücken.

Bildlichkeit ist ein im Sozialen weit verbreitetes Medium, sie tragen eine
Information weiter, so etwa Verkehrszeichen oder Stadtpläne. Letztere können
aber auch eine Ressource darstellen, um etwa einen Ort leichter aufzufinden.
Und schließlich sind Bilder auch ein Produkt der in Kommunikationsprozessen
erzeugten gemeinsamen oder divergierenden Vorstellungen und Vorstellungsbilder.

Die große Stärke der bisher vorliegenden Arbeiten in der Bildwissenschaften
liegt darin, das Bild im Detail aufgeschlüsselt und analysiert zu haben (vgl.
Sachs-Hombach 2005). Allerdings treffen die Bildwissenschaften die Annahme,
dass das Bild eine Summe von vielzähligen dargestellten Aussagen ist. Es ist
diese für die Bildwissenschaften unverzichtbare Annahme, die einen umstands-
losen Rückgriff auf diesen Ansatz in soziologischer Perspektive problematisch
erscheinen lässt. Denn diese Annahme überschätzt das analytische Vermögen des
Menschen. Meine Gegenthese hierzu wäre, dass gerade in alltäglicher Kommunikation ein Bild und auch ein Vorstellungsbild eine Aussage ist, aber nicht klar ist,
welche Aussage getroffen wurde. Und damit ist gerade die unklare Bedeutung des
Bildes ein Einfallstor für Metaphorik.

Soziologisch handelt es sich bei Bildern um Zeichen (vgl. Nöth 2005). Zeichen, die stellvertretende Auslösereize für Handlungen sind. In bemerkens-
werter Weise haben dies nach Charles Sanders Peirce insbesondere die Arbeiten
von Charles W. Morris gezeigt. Dieser hat nach mehreren Versuchen, das Zeichen zu definieren, folgenden Vorschlag gemacht: „Wenn irgendetwas, A,
ein vorbereitender Reiz ist, der bei Abwesenheit von Reizobjekten, welche
Reaktionsfolgen einer bestimmten Verhaltensfamilie zu initiieren pflegen, eine
Disposition in einem Organismus verursacht, unter bestimmten Bedingungen
durch Reaktionsfolgen dieser Verhaltensfamilie zu reagieren, dann ist A ein Zeichen." (Morris 1981, S. 84).

Diese Definition des Zeichens hat den Vorteil, dass sie das Zeichen direkt mit Handlung verknüpft, denn das Zeichen löst eine Reaktion aus. Das bedeutet, man kann umstandslos an die Theorie des Symbolischen Interaktionismus von George Herbert Mead anschließen. Damit ist ein großer Gewinn verbunden, weil man im Anschluss daran zwischen dem Handlungsimpuls, der Manipulationsphase und einer konsumatorischen Phase des Handelns unterscheiden kann.

Der Impuls startet die Suche nach einer Handlungsmöglichkeit, die die Lösung eines Problems, eine verhinderte Bedürfnisbefriedigung ermöglicht. Die Manipulationsphase wendet sich dem Objekt zu und sucht durch Veränderungen am Objekt – gleich welcher Art – eine Bedürfnisbefriedigung herzustellen. Und sofern dieses gelingt setzt der konsumatorische Akt ein, weil das Handlungsobjekt nun dem handelnden Subjekt „einverleibt" wird.

Der konsumatorische Akt schließt das Drei-Phasen-Modell der sozialen Handlung ab und beschreibt es im Prinzip vollständig. An dieser Beschreibung ist vor allem wichtig, dass die drei Phasen eine Einheit bilden, sie können nur analytisch auseinander gelegt werden. Und sie lassen den Menschen als ein auf Zeichen mit Handlungen reagierendes Wesen erscheinen, seien diese Zeichen Handlungen oder Vorstellungen oder Bilder oder Vorstellungsbilder.

Morris selber hat dies in einer zusammenfassenden Aussage aus seiner Ästhetik- und Zeichentheorie festgehalten: Der Interpret reagiere nicht auf den Gegenstand, etwa das Bild, sondern „auf ein Zeichen" (vgl. 1979, S. 99). Er reagiert auf das als Zeichen wahrgenommene, als Zeichen interpretierte – und dies gilt auch für die Wahrnehmung des Bildes oder des Vorstellungsbildes (vgl. hierzu Sachs-Hombach 1995).

Das Bild ist das Endergebnis eines Auswahlprozesses aus Bildern, die mögliche Welten der Bezugnahme (vgl. Goodman 1990) darstellen. Wenn man eine metaphorische Handlung so versteht, dann rückt die Sprachlichkeit der Metapher in den Hintergrund und die Bildlichkeit des Sprachbildes in den Vordergrund. Das Einzige, was hier geschieht, ist eine Schwerpunktverlagerung innerhalb der Zweideutigkeit des Wortes Sprachbild: Von der (Schrift-)Sprache zur Sprache der Bilder, zur (Bild-)sprache. Die Sprache der Bilder wird dann als ein semiotisch rekonstruierbarer Zeichenprozess aufgefasst, der einer handlungstheoretischen Perspektive zugänglich ist.

Die Konsequenz der bisherigen Überlegungen ist: Wenn man sich auf diesem Wege von der Fixierung auf die Schrift löst, dann kann man sich dem Bild im Sprachbild zuwenden und der soziologischen Metaphernforschung ein neues, auch zu Kooperationen bspw. mit der visuellen Soziologie aufforderndes Terrain ebnen, das insbesondere die sprachwissenschaftlich verursachte Einseitigkeit der Betrachtung von Metaphern hinter sich zu lassen verspricht.

Man bettet so auch die Analyse der Metapher in eine modernisieungstheo-
retische Perspektive ein. Denn die Moderne kann als eine Form der Trennung
begriffen werden. Aus der Differenzierungstheorie ist dieser Sachverhalt bekannt
und gilt als eines der entscheidenden Merkmale zur Kennzeichnung der modernen
Gesellschaft (vgl. Berger 1988). Dies scheint auch für die immer schärfer wer-
dende Differenz, die Trennung von Wort und Bild zu gelten (vgl. Boehm 2010).
   Was aber tut die Metapher? Scheinbar das Gegenteil. Sie behauptet die Auf-
hebung der Trennung durch die Zusammenfügung im eigentümlichen und
zusammengesetzten Begriff des Sprachbilds. Aber eine Metapher fügt das
Getrennt nur scheinbar zusammen. Scheinbar! Denn sieht man genauer hin,
bleibt eine Metapher sprachlich gesehen in jedem Falle eine Zweiheit. Eine Zweiheit, die sich in der Identität verbirgt. Von derselben Sache wird Verschiedenes
behauptet. Eins ist ein Anderes und doch sind Zwei am Ende der metaphorischen
Bewegung scheinbar Eins.

3   „Die" Soziologie und das Bild

Das Bild und die Bildlichkeit werfen für die Soziologie ein Problem auf: Soziologie ist eine Handlungswissenschaft, die Handlungen vor allem als Text versteht
und analysiert. Die Arbeit der Soziologie ist vor allem die einer Textwissenschaft
(vgl. Gross 1981). Ihre Haupttätigkeit besteht in der Transformation, in der Übersetzung von Handlungen in Texte, in ihrer Vertextung. Dieser Vertextung ist das
Bild zum Opfer gefallen. Das Bild erscheint nur als vertextetes Bild oder als Bild-
beschreibung. Anders formuliert: Im (Handlungs-)Text der Soziologie war für die
Eigenheit der Bildlichkeit kein Platz.
   Demgegenüber könnte unter Berücksichtigung der essenziellen Zweideutigkeit des Sprach-Bildes, Soziologie als eine Bild-Text-Wissenschaft aufgefasst
werden. Damit würde man sich neben der Bedeutung der textlichen Verfassung
des Sozialen auch der bildlichen Verfassung des Sozialen öffnen und eine künst-
liche Trennung aufheben (vgl. hierzu auch Schelske 2005, S. 257). Soziologie
als Bild-Text-Wissenschaft aufgefasst könnte die grundlegende Bedeutung auf-
nehmen, die insbesondere die schon erwähnte Deixis für den Menschen aufweist.
   Methodisch sind daran einige Konsequenzen gebunden: Was wäre methodisch
zu tun? Hier ist, trotz aller Verdienste, die Bildwissenschaft wenig hilfreich, weil
sie sich auf das picture konzentriert hat, jedoch dem image wenig Aufmerksamkeit geschenkt hat. Denn Bilder werden nicht zuerst gelesen, sondern gesehen.
Und gesehen wird in einem Modus der Synchronie: Vieles zugleich. Demgegenüber vertraut Schriftlichkeit auf das Nacheinander, auf die Diachronie. Das Bild

tritt mit einer Gleichzeitigkeit von Aussagen an, ohne diese in ein der Schriftlichkeit gemäßes Nacheinander zu bringen. Bilder genügen nicht dem Schlich-
ten: Eins nach dem Anderen. Die bildlich geäußerten Aussagen beruhen auf der
Gleichzeitigkeit mehrerer Aussagen oder mehrerer Wahrnehmungen. Daher ist
die Kontrolle der Bildlichkeit im Sprachbild schwierig.

Es bietet sich folgende, nicht auf Vollständigkeit zielende schematisch inten-
dierte Gegenüberstellung der Merkmale von Schriftlichkeit und Bildlichkeit an:

Schriftlichkeit	Bildlichkeit
Unmittelbar wirksames Strukturprinzip der sozialen Realität	Mittelbar wirksames Strukturprinzip
Diachrone Aufnahme	Synchrone Aufnahme
Analytische Zerlegung	Synthetische Integration
Wahrnehmung des „Details"	Ganzheitliche Wahrnehmung

Sieht man sich nach Anregungen und Vorarbeiten zur methodisch kontrollier-
ten Analyse von Bildlichkeit um, so bewegen sich diese am Anfang einer ver-
tieften Entwicklung. Erst mit William Mitchells Arbeiten (vgl. 1986, 1994, 2008)
ist es gelungen, zwischen Bild und Vorstellungsbild, zwischen picture und image
zu unterscheiden. Und diese Unterscheidung ist für eine weitere Auseinandersetzung mit der Bildlichkeit von Sprachbildern entscheidend. Das soziologisch
interessierende Bild am Sprachbild ist ein Vorstellungsbild. Dieses Vorstellungsbild ist reicher als die Angebote der nur als sprachliche Äußerung betrachteten
Metapher. Denn Vorstellungsbilder stellen ein Amalgam aus sprachlichen und
bildlichen Elementen dar, dessen jeweiliger Schwerpunkt zum Beispiel vom kognitiven Stil der Nutzer abhängt.

Hier könnte dann das Konzept der frames im Sinne des methodologischen
Individualismus, etwa nach Hartmut Esser (vgl. 1993), hilfreich sein. Frames
sind schematisierte und kulturell verfügbare Handlungspläne. Sie erleichtern Entscheidungen, weil wesentliche Elemente der Entscheidungs(matrix) bereits vor-
gegeben sind und im strengen Sinne nur eine Wahl zwischen den angebotenen
Möglichkeiten zu treffen ist – also der Anteil der Eigenleistung bei der Wahlent-
scheidung gering ist.

In diesem Sinne wirken auch Sprachbilder – sie enthalten ein Angebot von
Handlungsplänen und verlangen nur die konkretisierende Festlegung auf Einen
von ihnen. Ähnlich wirken images bei George Herbert Mead. Sie stellen Muster
des Zusammenhanges von Reiz und Reaktion dar, die sich in konkreten Handlungen manifestieren.

Warum meidet die Soziologie bislang mit wenigen Ausnahmen die Bildlichkeit als Thema? Denn als Lehr- und Vermittlungsmittel wird diese sehr wohl und
sehr bewusst eingesetzt. Verwiesen sei hier nur auf den Bildband von Ingeborg
Weber-Kellermann (1976) zur Familiendarstellung in der Geschichte und auf die
zunehmende Dominanz der Power-Point-Präsentation in Unterricht und Vortrag.

Warum benutzt die Soziologie das Bild nicht als Erkenntnis produzierende
Kraft? Dafür scheint es vor allem zwei Gründe zu geben. Einer hat etwas mit
der Tradition soziologischen Denkens zu tun: Sprache und vor allem die Schrift-
sprache ist ein ganz zentrales Medium wie auch eine Ressource der Soziologie.
Ohne die Schriftsprachlichkeit geht es weder in der quantitativen noch der
qualitativen Sozialforschung. Denn Handlungen und ihre Deutungen werden
überwiegend auf Grundlage ihrer in Schrift erfolgenden textlichen Erfassung analysiert und interpretiert.

Spätestens seitdem wir die soziale Wirklichkeit als Text verstehen hatte die
Bildlichkeit verloren und wird jetzt, etwa im Rahmen der von Ralf Bohnsack
weiter entwickelten dokumentarischen Methode, wieder entdeckt. Ralf Bohnsack
berücksichtigt nicht nur Bilder, sondern auch Vorstellungsbilder als kognitive
Strukturen. Sie entsprechen den Formen und Wirkungen von Einstellungen, leiten Handlungen an und machen diese überhaupt erst möglich. Besonders deutlich
wird dies im Rahmen des vorgeschlagenen Verfahrens der Bildinterpretation einer
rekonstruktiven Sozialforschung (vgl. Bohnsack 2014). Ihr gelten die „inneren
Bilder" (Bohnsack 2014, S. 159) als Voraussetzung dafür, dass, seien es sprachliche Äußerungen oder körperliche Prozesse, etwas überhaupt als sinnvolles Zeichen verstanden werden kann. Und dieses ‚innere' Bild hat besondere Merkmale,
die seine Analyse entlang der klassischen Annahmen einer sequenziellen Analyse nicht gestatten, sondern an der „Ganzheit" und der Synchronizität des Bildes
ansetzen müssen.

Das zweite Problem ist, es gibt wenig geeignete Forschungsverfahren für die
soziologische Analyse von Bildern. Es gibt eine ganze Menge bildanalytischer
Verfahren in anderen Wissenschaften (für einen Überblick vgl. Sachs-Hombach
2009 oder das von Stephan Günzel und Dieter Mersch herausgegebene interdisziplinäre Handbuch „Bild" 2014), in den Kulturwissenschaften, in den Bildwissenschaften. In der Soziologie gibt es, von wenigen Ausnahmen abgesehen,
etwa Ralf Bohnsack (vgl. 2011, 2014), Hubert Knoblauch (vgl. 2004) und Hubert
Knoblauch, Bernd Schnettler, Jürgen Raab und Hans-Georg Soeffner (vgl. 2006)
oder Werner Faulstich (vgl. 1976, 1988) in der Filmanalyse noch zu wenig.

Literatur

Berger, Johannes (1988): Modernitätsbegriff und Modernitätskritik in der Soziologie. In: Soziale Welt, Jg.39, H.2, S. 224–235.

Boehm, Gottfried (2004): Jenseits der Sprache? Anmerkungen zur Logik der Bilder. In: Christa Maar/Hubert Burda (Hrsg.): Iconic Turn. Die neue Macht der Bilder. Köln:, S. 28–43.

Boehm, Gottfried (2010): Wie Bilder Sinn erzeugen. Die Macht des Zeigens. Berlin: University Press.

Bohnsack, Ralf (2011): Qualitative Bild- und Videointerpretation. Opladen: Leske + Budrich.

Bohnsack, Ralf (2014): Rekonstruktive Sozialforschung. Einführung in qualitative Methoden. Opladen & Toronto: Verlag Barbara Budrich, 9. Aufl.

Durkheim, Emile (1987): Der Selbstmord. Frankfurt am Main: Suhrkamp (Orig. 1897).

Esser, Hartmut (1993): Soziologie. Allgemeine Grundlagen. Frankfurt/Main; New York: Campus.

Faulstich, Werner (1976): Einführung in die Filmanalyse. Tübingen: Gunter Narr.

Faulstich, Werner (1988): Die Filminterpretation. Göttingen: Vandenhoeck & Ruprecht.

Goodman, Nelson (1990): Weisen der Welterzeugung. Frankfurt am Main: Suhrkamp (Orig. 1978).

Goffman, Erving (1977): Rahmen-Analyse. Ein Versuch ber die Organisation von Alltagserfahrungen. Frankfurt a.Main: Suhrkamp. (Orig. 1974)

Gross, Peter (1981): Ist die Sozialwissenschaft eine Textwissenschaft? Zum Problem der Datenkonstitution in der Soziologie. In: P. Winkler (Hrsg.): Methoden der Analyse von Face-to-face-Situationen. Stuttgart:, S. 143–167.

Günzel, Stephan/Mersch, Dieter (Hrsg.) (2014): Bild. Ein interdisziplinäres Handbuch. Weimar: J. B. Metzler.

Haarmann, Harald (2004): Universalgeschichte der Schrift. Frankfurt am Main/Frankfurt am Main/New York: Tolkemitt Verlag/Campus.

John, René/Langhof, Antonia (2014): Die heimliche Prominenz des Scheiterns. In: dies. (Hrsg.): Scheitern – Ein Desiderat der Moderne? Wiesbaden: VS Verlag für Sozialwissenschaften, S. 1–7.

Junge, Matthias (2014): Scheitern in Moderne und Postmoderne. In: John, René/Langhof, Antonia (Hrsg.): Scheitern – Ein Desiderat der Moderne? Wiesbaden: VS Verlag für Sozialwissenschaften, S. 11–24.

Junge, Matthias/Lechner, Götz (Hrsg.) (2004): Scheitern. Aspekte eines sozialen Phänomens. Wiesbaden: VS Verlag für Sozialwissenschaften.

Knoblauch, Hubert (2004): Die Video-Interaktionsanalyse. In: sozialer sinn, H.1/2004, S. 123–138.

Knoblauch, Hubert/Schnettler, Bernd/Raab, Jürgen/Soeffner, Hans-Georg (2006): Video Analysis. Methodology and Methods. Qualitative Audiovisual Data Analysis in Sociology. New York u.a.: Lang.

Lakoff, George/Johnson, Mark (2003): Leben in Metaphern. Konstruktion und Gebrauch von Sprachbildern. Heidelberg: Carl-Auer Systeme Verlag (Orig. 1980).

Mitchell, William J.T. (1986): Iconology. Image, Text, Ideology. Chicago: Chicago University Press.

Mitchell, William J.T. (1994): Picture Theory. Essays on Verbal and Visual Representation. Chicago, London.

Mitchell, William J.T. (2008): Das Leben der Bilder. Eine Theorie der visuellen Kultur. München.

Mitchell, William J.T. (2018b): Was ist ein Bild? In: ders. (2018): Bildtheorie, S. 15–77, Berlin: Suhrkamp (Orig. 1984).

Morris, Charles William (1979): Grundlagen der Zeichentheorie. Ästhetik und Zeichentheorie. Frankfurt/Main, Berlin, Wien: Ullstein (Orig. 1938).

Morris, Charles William (1981): Zeichen, Sprache und Verhalten. (Mit einer Einführung von Karl-Otto Apel) Frankfurt/Main; Berlin; Wien: Ullstein (Orig. 1946)

Nöth, Winfried (2005): Warum Bilder Zeichen sind. In: Majetschak, Stefan (Hg.) (2005): Bild-Zeichen. Perspektiven einer Wissenschaft vom Bild. München: Wilhelm Fink, S. 49–61.

Sachs-Hombach, Klaus (1995): Bilder im Geiste: Zur Kognitiven und erkenntnistheoretischen Funktion piktorialer Repräsentation. Amsterdam.

Sachs-Hombach, Klaus (2005): Bildwissenschaft. Disziplinen, Themen, Methoden. Frankfurt am Main: Suhrkamp.

Sachs-Hombach, Klaus (Hrsg.) (2009): Bildtheorien. Anthropoligische und kulturelle Grundlagen des Visualistic Turn. Frankfurt am Main: Suhrkamp.

Schelske, Andreas (2005): Soziologie. In: Sachs-Hombach, Klaus (Hrsg.): Bildwissenschaft. Disziplinen, Themen, Methoden. Frankfurt am Main: Suhrkamp, S. 257–267.

Simmel, Georg (1995): Der Bilderrahmen. Ein ästhetischer Versuch. In: Rüdiger Kramme/ Angela Rammstedt/Otthein Rammstedt (Hrsg.): Georg Simmel. Aufsätze und Abhandlungen 1901–1908. Band 1. (Gesamtausgabe Bd. 7) Frankfurt am Main: Suhrkamp, S. 101–108 (Orig. 1902)

Tomasello, Michael (2006): Die kulturelle Entwicklung des menschlichen Denkens. Frankfurt am Main: Suhrkamp (Orig. 1999).

Tomasello, Michael (2011): Die Ursprünge der menschlichen Kommunikation. Frankfurt am Main: Suhrkamp (Orig. 2008).

Weber-Kellermann, Ingeborg (1976): Die Familie. Geschichte, Geschichten und Bilder. Frankfurt a. Main: Insel.

Bröckelnde Erfahrung als Missverständnis – ein Beitrag zur visuellen Konfusion

Lutz Finkeldey und Björn Sedlak

Produktion wie Rezeption von Visuellem unterliegt neben der Spannweite von naiver zu professioneller Handhabung unweigerlich soziokulturellen Färbungen. Gebrochen wird diese Logik der Ähnlichkeitsrelation der Wahrnehmung, wenn auf der Subjektebene eine individuell biografisch tiefe Erfahrung hinzutritt. Auch zeichnen sich thematische Konjunkturen – so etwa die Auseinandersetzung mit bestimmten theoretischen Konstrukten – ähnlich eines Stimulus mindestens temporär bedingungsvoll und nehmen in ihren Subjektivierungen Einfluss auf Wahrnehmung und Produktion von Bildlichem. Überformungen des Ursprünglichen bleiben, auch wenn sie sich als das Neue im Alten im Individuum zeigen. Der Beitrag fragt nach der Oszillation soziokultureller, subjektiver wie thematischer Kontingenz von Bildern, deren reziprokes Verhältnis es näher zu bestimmten gilt. Aufgezeigt werden Bausteine eines integrativ zu konturierenden Ansatzes visueller Analyse.

Der Beitrag fragt nach der Oszillation soziokultureller, subjektiver wie thematischer Konfusion durch Bilder, deren reziprokes Verhältnis es näher zu bestimmten gilt.

Schreiben, Fotografie, bildhafte Metaphern bilden Begriffe, die nicht existieren und doch bekannt sind. Der Ansatz und Forschungsrichtung entscheiden darüber, wie sie existent werden. Die Subjekt-Objekt-Korrelation entscheidet darüber, wie Gesellschaft in uns kommt und wir dennoch individuell werden. Je breiter

L. Finkeldey (✉) · B. Sedlak
HAWK – Hochschule für angewandte Wissenschaft und Kunst,
Hildesheim, Deutschland
E-Mail: lutz.finkeldey@hawk.de

B. Sedlak
E-Mail: bjoern.sedlak@hawk.de

und mehr Informationen auf Menschen einstürmen, desto oberflächlicher werden sie gegenüber „ihrem Ganzen". Rekonstruktionen entwickeln sich darüber schwieriger, denn um Methapern beispielsweise erschließen zu können müssen wir immer tiefer in die Lebenswelt der Menschen eindringen. Damit das gelingen kann, müssen Forschende zunächst sich mit sich selbst befassen.

Klassisch ethnografische und in einem späteren Schritt ethnologische Forschung erlaubt es erst Bedeutungen herauszuschälen. Sprache und Bild mit deren emotionaler Unterfütterung stehen in einem dialektischen Verhältnis. Das Ungesagte, das Atheoretische, die Grundlage des Habitus, bildet das Forschungsinteresse, das mit ‚bewusster' Fotografie und Sprache ‚gehoben' wird. Erodierende Metaphern, das zerfließende Punktum in Anlehnung an Barthes und deren mögliche kollektive Provenienz in entsolidarisierenden Gesellschaften stehen für den inneren Rahmen der Decodierung.

1   Impulse zu differenter Wahrnehmung

„Wir stehen selbst enttäuscht und sehn betroffen/Den Vorhang zu und alle Fragen offen" (Brecht 1997, S. 294). Bertolt Brecht umschreibt literarisch das Prinzip nie endender Erkenntnis. Taten, Moral logische Konsequenzen lassen Gutes und Schlechtes kaum mehr unterscheiden. Sichtweisen fußen auf Glaubensbekenntnissen.

Wenn wir wissenschaftlich meinen, etwas durchdrungen zu haben geht es uns wie im guten Menschen von Sezuan: Das „Spiel" beginnt von vorn, eine neue Facette will des Glaubens beraubt werden. Lebendiges Wissen hält in seiner sozialen und kulturellen Zeitbezogenheit immer Enttäuschungen, Fragen und Vorhang offen. Erfolg und Scheitern sind grundsätzlich soziale, kulturelle, ökonomische und zeitbezogene Kategorien, denen wir aktuell Werte auf der Basis konstruktivistischer Strukturen zuweisen. Pierre Bourdieu (2001) zeigt es wunderbar mit seiner Erweiterung des Marxschen Kapitals auf. Kein Kapital fällt vom Himmel, findet jedoch im Bewusstsein der Menschen eine fast allumfassende Vernatürlichung. Wenn die Idee des „Alltagsmythos'" (Barthes 2012) hinzukommt, schwingt mit, dass der Fahrer eines Porsches ihn sich verdient und die Fahrerin einen erfolgreichen Mann habe: Ökonomischer Erfolg ist wichtig – Frauen erleben ihn anhängig. Klischees und Vorurteile im Alltagsbewusstsein blühen … auch heute noch. Erfolg und Scheitern versacken in ökonomisch Determinierendem einer Gesellschaft des Habens und nicht des Seins (Fromm 2005).

Der Kunsttheoretiker Erwin Panofsky (2006) unterscheidet bei der Rezeption von Bildenden Künsten zwischen vorikonografischer, ikonografischer und ikonologischer Interpretation. Das Bild oder Bildhafte bekommt darüber eine bildungstheoretische, eine subjektive sowie kulturelle Aufnahme. Metaphern – also bildhafte

Ausdrücke – existieren nicht, wie Erkenntnisse jedweder Couleur überhaupt, als Objektives, sondern als etwas, das erst im Kopf entsteht, also der höchst subjektiven Sphäre zuzuordnen ist. Sie sind ein Ausschnitt der vermeintlich objektiven Welt, doch unterliegen sie subjektiver Wahrnehmung, die auf vorherigen Lernprozessen mit ihren „Arroweffekten" (Bourdieu 2001, S. 116) basiert. Ein Symbol existiert als das gerahmte Bild oder Wort, weil es kulturell unabhängiges Erkennen im Sinn symbolischer Gewalt charakterisiert. Ein Symbol ist herrschaftsbezogen aufgeladen und damit wahrnehmungsbezogen ‚scharf', während eine Metapher einen immer wieder intellektuell herzustellenden bildhaften Ausdruck repräsentiert.

Ein Spiegel an der Wand reproduziert durch veränderte Blickwinkel das Reflektierte und entwirft darüber Neues. Das Resultat erfährt die betrachtende Person und nicht der Spiegel oder seine gespiegelten Objekte. Bei der bösen Königin in „Schneewittchen und die sieben Zwerge" wirkt der Spiegel als reflektierendes Ego. Kinder befragen analog ihre Kuscheltiere oder Gläubige hoffen mit der Anrufung Gottes auf eine Wendung. Innerer Monolog oder offene Anbetung finden eine metaphorische Aufladung in der Selbstbespiegelung.

Unsere Welt ist nicht nur in der Fantasie sprachlich und bildlich durchdrungen. Ohne Sprache gäbe es keine Reflexion der ‚Welt'. Bilder, die atheoretisch aufgenommen werden, evozieren Sprachlosigkeit, erreichen das Subjekt nicht als Kognitives, bleiben auf der Ebene von Emotionen stecken, das Bewusstsein als reflektierende Instanz bleibt außen vor. Theoretischen Sprachkonstrukten widerfährt nichts Anderes. Kinder filtern generell das Unverständliche aus, nehmen nur das auf, was sie verstehen oder was sie ad hoc interessiert; eine Figur, die sich bei Erwachsenen eingeschränkt erhält. So gelingt es, eine Fremdsprache, die sie nicht beherrschen, an sich vorbeirauschen zu lassen, aber dennoch für sie vermeintlich erkennbare Schlüsselbegriffe herauszufiltern. Selbst die Tonalität des wahrgenommenen Geredes klassifizieren wir. Das „Punctum" (Barthes 1985), das Leser*innen in Text und Bild emotionalisiert, vom Anderen ablenkt, wechselt und variiert in der Wahrnehmung von Betrachtenden.

Das, was wir als szenespezifische Alltagssprache bezeichnen, finden wir in der Bildsprache ebenso. Wenn Selfies den Horizont bilden, kann die weltweit bekannte Fotoagentur Magnum ‚einpacken'. Alltag, Kunst und gesellschaftsbezogene Wissenschaft korrespondieren kaum. Das Eindringen in das Wesentliche, die Tiefe des Bezeichneten, das die Grenze der Oberflächlichkeit überschreitet, wird als Verkopftheit verdammt. Alltag als positive Kategorie verliert das gesellschaftliche Urteil und changiert zu einer Inside-Outside-Schrumpfung in subjektivierte Wahrnehmungen.

Durch die völlige Beliebigkeit der „technischen Reproduzierbarkeit des Kunstwerks" (Benjamin 2010), wird die Kamera zur Waffe. Die blutigen Safarijäger wandeln sich zu einer anderen Metapher, der Fotograf schießt sein Objekt. Die ständige Wiederkehr von Bildern, Gedanken, Metaphern schwächt deren

Botschaft (Marcuse 1994), lässt sie banalisieren oder hoffähig werden. Inflationärer Gebrauch von Gedanken oder Bildern verschiebt das Sinnhafte von der Ähnlichkeit zum 1:1-Abbild des sich selbst Symbolisierens. Das Abbild, das zwanghaft subjektivistisch gefärbt ist, determiniert in der Folge Wirklichkeit.

Diese wenigen Gedankenkonstrukte zur Banalisierung von Sprache und Bild weisen deutlich in Richtung von Pseudobeweisen im Alltäglichen, sodass Literatur oder Fotografie für den Massengenuss (nicht die Verkaufszahlen) unlesbar bleiben oder werden: Wer glaubt schon anderen Menschen, wenn deren Botschaft nicht sofort konsumerabel ist, lautet das heutige Credo der Fake-News-Aktivist*innen oder der Short-Cut-Messages. Belletristik, Selfies und Schwarz-Weiß-Politik stehen beispielsweise für eine solche subjektivistische Aufnahme.

Diese und ähnliche Annahmen führten uns im Forschungszusammenhang dazu, erneut nachzudenken, welche Interpretationsverfahren unsere Zielgruppen erschließen lassen; der Selbstproduktionsaspekt von Fotos zu gemeinsamen Themen rückt in das Zentrum. Die nachstehende Abbildung führt entsprechende Überlegungen zusammen und veranschaulicht diese in Form eines Ansatzes für Lehr-Lern-Settings im Feld Sozialer Arbeit.

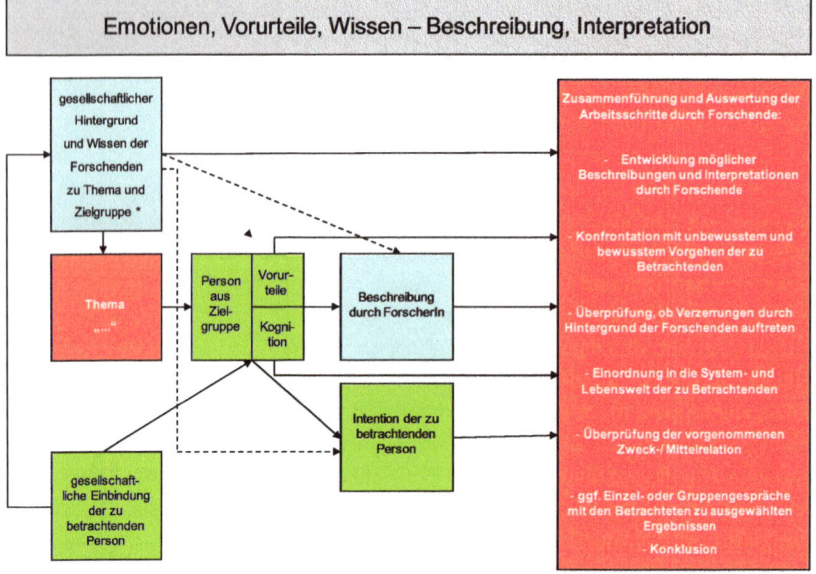

Grundlage differenter Wahrnehmung (inkl. Metaphern). (Quelle: eigene Darstellung Finkeldey)

Die Verlängerung der eigenen Logik ‚Bild' öffnet Sprachfähigkeit. Der Sinn des Bildes von beispielhaft Jugendlichen aus divergierenden soziokulturellen Settings ist oft für uns als Begleiter kaum oder nicht erschließbar, bekommt durch die zweite Ebene (Sprache) Plausibilität bzw. Aha-Effekte. Wir lernen eine andere Bild-Sprache, um der Konversion des Blickes oder der Unschärfe der Sprache näher zu kommen. Gesprochene Sprache, bildhafte Ausdrücke, Bildsprache bieten als Ensemble neue Horizonte. Die Varianz soziokultureller Subjekthaftigkeit differiert sehr stark, die Unschärfe als Prinzip bleibt letztlich immer (Schaff 1974). Kollektive Rezeption ermöglicht eine gemeinsame Sprache zum Verstehen der anderen. Meinen zu verstehen kaschiert ein Missverstehen. Man nennt es Deutsch, formulierte sinngemäß Gottfried Benn.

Bezug genommen ist damit auf eine ‚Kernproblemstellung' in den Handlungsfeldern Sozialer Arbeit. Hier existiert eine lange Tradition, professionelles Handeln mit Perspektiven des Interaktionismus zu verknüpfen (vgl. Graßhoff 2018, S. 387 ff.). In diesem Kontext zeichnen sich Wahrnehmung und Verstehen wie ihrer Konfusionen virulent, differente Wahrnehmungen führen zu einem Verstehen-Meinen. Im Zuge der Professionalisierung Sozialer Arbeit wird daher ein anhaltend intensiver Diskurs um die Relationierung von Wissensarten (Dewe 2012) geführt, deren Notwendigkeit auch aus diversen Forschungen zur Disziplin wie Profession (Thole et al. 1996; Oevermann 1996; Schütze 1992; Heiner 2004; Ebert 2008) hervorgeht und Bemühungen etwa um Reflexion (Ebert 2008) wie (Selbst-)Befremdungen (Schweppe et al. 2018) im Feld begründen.

Hier setzt unser Forschungsinteresse an und begründet die Arbeit mit Fotos – wie Visuellem im Allgemeinen – um, ähnlich einem Katalysator (Bremer 2003), Themen an die Oberfläche zu holen, die ansonsten nicht zur Sprache kämen; bildhaft-mentale Äußerungen auf einer vorbewussten Ebene abzulichten. Hintergrund bilden letztlich Bourdieus Überlegungen zum Verstehen. Damit einhergehen Fragen der Standortgebundenheit, Irritationsoption habituell geprägter Muster sowie soziokultureller Mobilitätsäußerungen vor dem Hintergrund auch subjektivierbarer Wissensbestände.

2   Zur Oszillation soziokultureller, subjektiver wie thematischer Konfusion im Visuellen

Produktion wie Rezeption von Visuellem unterliegt neben der Spannweite naiver zu professioneller Handhabung unweigerlich soziokulturellen Färbungen. Bereits Bourdieu machte im Prinzip seit 1958 mit seinen Studien zur Distinktion auf die habitusdifferente Rezeption von Fotografien aufmerksam (Bourdieu 2003, 2006), wie beispielhaft später Michel und Wittpoth (2009, 2013) die milieudifferente Sinnbildung in der Rezeption von Fotos ergänzt.

Daneben verweist etwa Bohnsack (2009) auf die Unterschiedlichkeit habituell geleiteter Bildproduktionen wie sie sich etwa auch Bremer/Teiwes-Kügler im Zuge der entwickelten Habitushermeneutik (2007, 2013) nutzbar macht. Entsprechend sozial kodiert verweisen Bilder dabei auf eine Dialektik von ‚Innen und Außen' ebenso, wie sie Zugänge zu Atheoretischem (Mannheim 1980) und Generalisiertem in Gleichzeitigkeit eröffnen.

Gebrochen wird diese Logik der Ähnlichkeitsrelation der Wahrnehmung, tritt auf der Subjektebene eine individuell biografisch tiefe Erfahrung hinzu: Barthes' (1985) punctum weist hier den Weg. Das „neue ikonische Phänomen" (ebd., S. 85), so nannte Barthes die Erfindung der Fotografie, dessen Eigenheiten er vornehmlich in „Die helle Kammer" aufzuarbeiten sucht, um deren Wesensmerkmal auf die Spur zu kommen (ebd., S. 11). Seine phänomenologische Betrachtung führt zur Differenzierung von studium und punctum; letzteres hier nur kurz umrissen: Repräsentationen des Alltäglichen spiegeln sich im Studium einer Fotografie; kulturelles wie soziales Wissen um Konventionen, Symbole, körperliche und szenische Ausdrucksformen die – versprachlicht – ein Intersubjektives Verstehen eröffnen. Mit Barthes unterliegen die meisten Fotografien einer allgemeinen Rezeptionsoption, doch verfügen einige Fotografien über einen besonderen subjektiven Reiz – Barthes' punctum: „das Noema des ‚Es-ist-so-gewesen'" (ebd., S. 87).

In der Dialektik der Wahrnehmung aus Sehen bzw. treffender Rezeption und sinnhafter Bildproduktion tritt die Erfahrung des Individuums hervor und fokussiert unausweichlich eigene biografische hinterlegte „Trigger". Offenbar wird dies immer dann, „[schießt] das Element [...] wie ein Pfeil aus dem Zusammenhang heraus, um mich zu durchbohren" (Barthes ebd., S. 35). Dieses punctum kann dabei ein Detail, ein Segment ebenso meinen, wie ein Bild adressiert sein kann. Die epistemologische Herausforderung erkennt Barthes folglich im reziproken Zusammenspiel von Studium und punctum; letzteres ist unweigerlich in Ersterem eingelassen. Als „Botschaft ohne Code" (Barthes 1990, S. 13) negiert Barthes dann auch die generelle intersubjektive kommunikative Verständigung über das punctum. So verweist mindestens die Rezeption von Visuellem auf das Subjekt an und für sich, indem abseits soziokultureller Aspekte biografische Marker die Sichtung eines Fotos zu bestimmen vermögen. Die „Fixierung" eines punctums im Bild markiert damit den Bruch gemeinschaftlich getragenen Sinns im Bild in Folge individueller biografischer „Brüche" oder bedeutsamer Einschnitte – man denke zum Beispiel nur an die Ähnlichkeit einer Frau, von der man sich gerade getrennt hat. Der individuelle frame wirkt dabei in der Wahrnehmung des

Visuellen fort und markiert eine Art subjektiviertes ‚*Regime der Wahrnehmung*‘ bei soziokultureller Färbung. Insofern kann ein Bild für eine Gruppe das ‚Geschenk‘ sein und für andere das Motiv des ‚Scheiterns‘.

Mit Blick auf Bilder eröffnet sich mit Barthes eine Sichtung des Bildlichen als individueller Erfahrungsraum, der allenfalls durch äquivalente biografische Einlassungen einerseits wie konkretisierte Erfahrungen andererseits verständlich gemacht werden könnte: das entstehende Bild kann damit dann ein rein subjektives sein, ist dem einzelnen Subjekte ein jeweilig äquivalent-individuelles punctum eigen. Die punctum-geleitete Rezeption führt damit unweigerlich zu einer subjektivierten Bildproduktion, deren Objektivierbarkeit zumindest für Barthes kaum über das betreffende Subjekt hinaus zur weisen vermag. Diese – wie Raab (2007, S. 124) es treffend nennt – „selbstauferlegte Interpretationssperre" verweist auf die Einlassung Barthes, dass eine Erschließung des Bildlichen „nur eine Analyse […] als Originalstruktur sein kann" (Barthes 1990, S. 12).

Diese skizzierten Sichtungen stehen dabei (zunächst) in relativer Opposition zu praxeologischen Ansätzen der Soziologie, wie sie etwa Bourdieu entwickelte und soziokulturell-kollektive Erfahrungsräume fasst. Bilder sind Interpretationen von Wirklichkeit; mit Bourdieu erfolgen diese regelgeleitet entlang soziokultureller Differenzierungsmerkmale. Entsprechend bilden mit Bourdieus „sozialen Gebrauchsanweisung der Photographie" (Bourdieu 2006) diese typisierten Wahrnehmungen, die die symbolische Ordnung sozialer Wirklichkeiten repräsentieren. Jedwede bildproduzierende Praxis unterliegt damit einem sozialen Reglement indem noch „die unbedeutendste Fotografie neben den expliziren Intentionen ihres Produzenten das System der Schemata des Denkens, der Wahrnehmung und der Vorlieben zum Ausdruck bringt, die einer Gruppe gemeinsam ist" (Bourdieu et al. 2006, S. 17), „weil die Subjekte im eigentlichen Sinne nicht wissen, was sie tun, weil das, was sie tun, mehr Sinn aufweist, als sie wissen" (Bourdieu 1979, S. 179). Mit Michel (2006) wird empirisch klar, dass auch die Rezeption von Fotos entsprechenden regelgeleiteten Zuordnungen folgt.

Handlungsleitende Erfahrungs- und Wissensstrukturen finden sich auf einer vorreflexiven Ebene des Wissens. In diesem Bereich des Wissens setzt ein Verstehen komplizenhafte Mitgliedschaft voraus:

> Ein Verstehen von Äußerungen oder Handlungen bzw. das Verstehen der in ihnen implizierten Haltungen oder Orientierungen setzt voraus, dass wir die Alltagspraxis, den erlebnismäßigen Kontext, den Erlebniszusammenhang oder Erfahrungsraum kennengelernt haben, in den diese Äußerung hineingehört. Diejenigen, die durch gemeinsame Erlebniszusammenhänge miteinander verbunden sind, die zu einem bestimmten ‚Erfahrungsraum‘ gehören, verstehen einander unmittelbar. Sie müssen einander nicht erst interpretieren (Bohnsack 2008, S. 59).

Ein solches Verstehen findet mit Geimer (2010, S. 16) „[…] nicht nur in einem, sondern mehreren Erfahrungsräumen statt, weil der Mensch nie schlicht einem Erfahrungsraum (und einem Kollektivbewusstsein etwa) zugehörig ist. Typischerweise können geschlechts-, milieu-, generationsbezogene bzw. zeitgeschichtliche Erfahrungsräume und entsprechende konjunktive Wissensbestände unterschieden werden. Es ist jedoch nachdrücklich ebenso eine ausschließlich empirische Frage, welche Zugehörigkeiten zu welchen Erfahrungsräumen bestehen, wie auch inwiefern sich darin dauerhafte, rudimentäre oder instabile […] konjunktive Wissensstrukturen ausbilden. So können sich bspw. auch Fach- oder Organisationskulturen bzw. genauer Organisationsmilieus als konjunktive Erfahrungsräume erweisen (Mensching 2008). Zudem können konjunktive Erfahrungsräume bestehen, in denen sich nicht nur gemeinsame Orientierungen ausbilden, sondern auch Praktiken des Umgangs mit widersprüchlichen Orientierungen, die wiederum aus anderen Erfahrungsräumen stammen (bspw. in Schulkulturen)".

In diesem Sinne weist Geimer mit Bezug zu von Rosenberg wie Schäffer auf das Transformationspotenzial eines Habitus durch dessen „Mehrdimensionalität" und „Prozesshaftigkeit" hin. Verwiesen ist damit ebenso auf die Relation zwischen Habitus und Feld, die durch den Kontakt etwa mit ‚neuen Feldlogiken' oder infolge der ‚Wandlung einer Feldlogik' zu Habitustransformationen führen kann. Eine solche feldspezifische „Formgebung von Wandlungs- und Bildungsprozessen" (ebd., S. 233) stellt sich im Anschluss an Michel (2006) und Schäffer bei Geimer als konjunktive Kodierung im Zuge der Rezeption von Fotografien dar, als ein Prozess einer „verstehenden Sinnaktualisierung" (ebd.).

Aktualisiert werden dann in der Rezeption die bereits bestehenden konjunktiven Erfahrungs- und Wissensstrukturen, es handelt sich um eine Form der Vereinnahmung, „also eine Angleichung an […] Bekanntes, die nur vor dem Hintergrund ihres spezifischen kollektiven Habitus Sinn macht" (Schäffer 2009 zit. in Geimer 2009). Ähnlich stellt auch Michel in Bezug auf die Bildrezeption die Frage, inwiefern Bilder „nicht mehr nur auf Basis eines Habitus rezipiert, sondern zur Basis des Habitus werden – der Habitus läge dann der Rezeption von Bildern nicht mehr voraus, sondern ‚bildet' sich in der Auseinandersetzung mit den unterschiedlichen Bildwelten" (Michel 2006, S. 398). Diese Frage stellt sich bei allen Sinnen, doch überwiegt die Macht der impliziten oder unbewussten Bilder. Die ursprüngliche Prägung des Habitus weist über spätere Varianten hinaus, was letztlich zu Bohnsacks Ansatz führt.

Die Entschlüsselung der impliziten modus operandi erlaubt beispielsweise das Programm der dokumentarischen Methode Bohnsacks. Diese versteht das Bild als ein von der Sprache zu unterscheidendes „eigensinniges" Medium der

Sinnkonstitution (Bohnsack 2009; Przyborski und Slunecko 2010) (etwa Spra-che als sequenzielles, das Bild als simultanes) und eröffnet den Zugang zur Rekonstruierbarkeit explizit kommunikativen Sinnebenen einerseits wie implizit konjunktiven andererseits. Bohnsack plausibilisiert in Anschluss an Panofsky, Imdahl wie Mannheim und gelangt so vom ‚Was zum Wie' eines Bildes, wie er dies vielfach dargelegt hat. Bohnsack rekurriert damit auf handlungsleitende Erfahrungs- und Wissensstrukturen, die sich auf einer impliziten Sinnebene im Visuellen manifestieren und gestaltet deren rekonstruktiven Zugriff methodisch kontrolliert, indem er die Rekonstruktion expliziter und impliziter Sinnebenen, oder reflexiv-zugängliche und un-oder vorbewusste Wissensbestände methodisch trennt und diskursiv typenbildend aufeinander bezieht. Der Methode liegt damit, wie zu Recht von Geimer (2014) festgestellt, die Annahme einer fundamentalen Differenz zwischen präreflexiven/impliziten und reflexiven/expliziten Wissens-strukturen zugrunde. Werden bisweilen Trennlinien des individuellen wie kol-lektiven gewahr, scheint es die Ergänzung dieser Trennlinie bei Bohnsack, die erstere infrage zu stellen vermag – denn – ist in der manifesten Ebene (explizit kommunikativen Sinnebenen bei Bohnsack) nicht auch implizit-konjunktives eingelassen?

Hier schließen wir erneut an Überlegungen von Geimer (ebd.) und seiner dokumentarischen Subjektivierungsanalyse an. Dieser sucht in seinem Ansatz nach Spuren von Diskursen, die mit impliziten Rahmungen des Alltagshandelns zusammentreffen. Geimer erweitert die Leitdifferenz der dokumentarischen Methode zwischen expliziten kommunikativen und impliziten konjunktiven Sinnebenen und stellt um auf eine doppelte, sich kreuzende Leitdifferenz: Ers-tens diejenige zwischen kommunikativen und konjunktivem Wissen und zwei-tens diejenige zwischen expliziten und impliziten Sinngehalten, sodass auch vom „impliziten Aspekt kommunikativen Wissens" (Geimer 2014, S. 125) gesprochen werden kann. Geimer gelingt so der empirische Nachweis des Appellcharakters in Bereichen kommunikativ generalisierten Wissens, der Akteure anregt, an die impli-zit normativen Erwartungen gemäß ihrer habituellen Disposition anzuschließen[1].

Bezug genommen ist damit auch auf Feldversuche mit Studierenden Sozialer Arbeit im vierten und fünften Fachsemester. So (re)präsentieren erstellte Collagen zum ‚Ideal funktionierender Sozialer Arbeit' altargleiche Bildnisse, Triptychons und stark dichotome Bilder von Gegensatzpaaren. In ersten Ergebnissen lassen sich letztlich die Integration bzw. Verhandlung unterschiedlicher Wissensräume

---

[1]Für das Visuelle freilich bedarf es einer Ergänzung, wie wir dies derzeit entwickeln und methodologisch fundieren.

rekonstruieren, die je nach ‚Reiz' zu oszillieren scheinen. Erste Erkenntnisse verweisen zudem auf ein Korrelat differenter Wissensräume[2]. Auffällig zeichnet sich hier vor allem die Paarung mit einer ‚Empörung auf Grundlage einer persönlichen Erfahrung'. Im Zusammenspiel individueller Erfahrungen, soziokulturelle Färbung und normativ-kollektiver frames wie ihrer Interdependenz lässt sich in unseren Zusammenhängen zeigen, dass es anscheinend im Feld Soziale Arbeit normative Erwartung vorherrschen, die in das augenscheinliche Bild des Selbst Integration finden. Hieraus lässt sich eine handlungsrelevante Bezugnahme ableiten. Mit dem Fokus auf ein sich ausbildendes subjektbezogenes ‚Regime der Wahrnehmung' scheint dieses als eine Art punctum in Produktion wie Rezeption von Bildern zu fungieren dass sich wirksam auf weitere professionsbezogene Handlungszusammenhänge auszuwirken vermag.

3   Bröckelnde Erfahrung als Missverständnis

Die Rezeption von Bildern oder Fotografien haben nicht nur deren Apologet*innen vorangetrieben, sondern sie mussten sich mit einer sich wandelnden Gesellschaft auseinandersetzen, die Photographien ließen zwar noch vergleichen, doch die Basis des tatsächlichen Vergleichs stimmte nicht mehr. Strukturell mag ein heutiger Interpretationsprozess mit den Karl May Filmen vergleichbar sein: Die im ehemaligen Jugoslawien gedrehten Wildwestfilme zeigten Generationen, was den Wilden Westen ausmacht, wie Indianer aussehen. Die Interpretationsgemeinschaft der Rezipient*innen hatte nichts Gegenteiliges. Das falsche Bild prägte die Realität. Quentin Tarantinos Filme – wie 2009 Inglorious Bastards – können, obwohl sie wahre cineastische Meisterwerke sind, nicht die Prägekraft der Karl May Filme übertreffen. Mehr an Cineastischem führt zu Flutungen kollektiver Wahrnehmungen. Fotos, um damit abzuschließen, verlieren durch Manien des Knipsen zur Selbstwahrnehmung an Wirkkraft. Der tot in Griechenland angespülte Junge aus dem letzten Jahr haftet kaum im Gedächtnis. Das nackte vietnamesische Mädchen, das vor dem Feuersturm wegrennt, schreibt Fotogeschichte. Fotos mit Geschichte verlieren durch Konkurrenz mögliche symbolische Aufladung. Schon Anfang des 20. Jahrhunderts verloren Lyriker*innen oder Romanciers ihre gemeinsame Sprache: Die Industrialisierung war das Problem.

---

[2]Subjektbezogener Erfahrungsräume (Biografie, Erlebnis, auch Selbstbild) wie soziokulturellen Färbungen und disziplinär-thematischer frames (etwa Präsentation fachspezifischer Realutopien).

Literatur

Barthes, Roland (1985): Die helle Kammer. Frankfurt a.m.: Suhrkamp.

Barthes, Roland (1990): Der entgegenkommende und der stumpfe Sinn. Kritische Essays III. Frankfurt a.m.: Suhrkamp.

Barthes, Roland (2012): Mythen des Alltags. Frankfurt a. Main: Suhrkamp.

Benjamin, Walter (2010): Das Kunstwerk im Zeitalter seiner technischen Reproduzierbarkeit. Frankfurt a.m.: Suhrkamp.

Bohnsack, Ralf (2008): Rekonstruktive Sozialforschung – Einführung in qualitative Methoden. Opladen & Farmingtin Hills: Barbara Budrich.

Bohnsack, Ralf (2009): Qualitative Bild- und Videointerpretation. Die dokumentarische Methode. Opladen & Farmington Hills: Barbara Budrich.

Bourdieu, Pierre (1979): Die feinen Unterschiede. Frankfurt a.m.: Suhrkamp.

Bourdieu, Pierre (2001): Wie die Kultur zum Bauern kommt. Über Bildung, Schule und Politik. Schriften zu Politik und Kultur 4. Hamburg: VSA.

Bourdieu, Pierre (2006): Eine illegitime Kunst. Die sozialen Gebrauchsweisen der Fotografie. Frankfurt a.m.: Suhrkamp.

Bourdieu, Pierre (2003): In Algerien. Zeugnisse der Entwurzelung. Camera Austria, Graz.

Brecht, Bertolt (1997): Der gute Mensch von Sezuan. In: Ausgewählte Werke in sechs Bänden. Zweiter Band: Stücke 2. Frankfurt a.m.: Suhrkamp.

Breckner, Roswitha (2010): Sozialtheorie des Bildes. Zur interpretativen Analyse von Bildern und Fotografie. Bielefeld: Transcript.

Bremer, Helmut (2003): Von der Gruppendiskussion zur Gruppenwerkstatt. Ein Beitrag zur Methodenentwicklung in der typenbildenden Mentalitäts-, Habitus- und Milieuanalyse. Münster: Lit.

Bremer, Helmut/Teiwes-Kügler, Christel (2007): Die Muster des Habitus und ihre Entschlüsselung. Mit Transkipten und Collagen zur vertiefenden Analyse von Habitus und sozialen Milieus. In: Friebersthäuser, Barbara et al. (Hrsg.) Bild und Text. Methoden und Methodologien visueller Sozialforschung in der Erziehungswissenschaft. Opladen & Farmington Hills: Barbara Budrich.

Bremer, Helmut/Teiwes-Kügler, Christel (2013): Zur Theorie und Praxis der „Habitus-Hermeneutik". In: Brake, Anna et al. (Hrsg.) Empirisch arbeiten mit Bourdieu. Theoretische und methodische Überlegungen, Konzeptionen und Erfahrungen. Weinheim, Basel: Beltz Juventa.

Dewe, Bernd (2012): Akademische Ausbildung in der Sozialen Arbeit – Vermittlung von Theorie und Praxis oder Relationierung von Wissen und Können im Spektrum von Wissenschaft, Organisation und Profession. In: Becker-Lenz, Roland et al. (Hrsg.) Professionalität Sozialer Arbeit und Hochschule. Wissen, Kompetenz, Habitus und Identität im Studium Sozialer Arbeit, Wiesbaden: VS, S. 111–128.

Ebert, Jürgen (2008): Reflexion als Schlüsselkategorie professionellen Handelns in der sozialen Arbeit. Hildesheim: Olms.

Fromm, Erich (2005): Haben oder Sein: Die seelischen Grundlagen einer neuen Gesellschaft. München: dtv.

Geimer, Alexander (2009): Filmrezeption und Filmaneignung: Eine qualitativ-rekonstruktive Studie über Praktiken der Rezeption bei Jugendlichen. Wiesbaden: VS.

Geimer, Alexander (2010): Praktiken der produktiven Aneignung von Medien als Ressource spontaner Bildung. Eine qualitativ-rekonstruktive Analyse im Kontext von Habitustheorie und praxeologischer Wissenssoziologie. Zeitschrift für Erziehungswissenschaft 13(1), S. 149–166.

Geimer, Alexander (2012): Bildung als Transformation von Selbst- und Weltverhältnissen und die dissoziative Aneignung von diskursiven Subjektfiguren in posttraditionellen Gesellschaften. Zeitschrift für Bildungsforschung. https://doi.org/10.1007/s35834-012-0045-1. Springer, Wiesbaden.

Geimer, Alexander (2014): Das authentische Selbst in der Popmusik – Zur Rekonstruktion von diskursiven Subjektfiguren sowie ihrer Aneignung und Aushandlung mittels der Dokumentarischen Methode. Österreich Zeitschrift für Soziologie. https://doi.org/10.1007/s11614-014-0121-y. VS, Wiesbaden.

Graßhoff, Gunter (2018): Interaktionismus. In: Gunter Graßhoff et al. (Hrsg), Soziale Arbeit. Wiesbaden: VS, S. 387–398.

Heiner, Maja (2004): Professionalität in der Sozialen Arbeit. Stuttgart: Kohlhammer.

Mannheim, Karl (1980): Strukturen des Denkens. Frankfurt a.M.: Suhrkamp.

Marcuse, Herbert (1994): Der eindimensionale Mensch. Studien zur Ideologie der fortgeschrittenen Industriegesellschaft. München: dtv.

Mensching, Anha (2008): Gelebte Hierarchien. Mikropolitische Arrangements und organisationskulturelle Praktiken am Beispiel der Polizei. Wiesbaden: VS.

Michel, Burkard (2006): Bild und Habitus. Wiesbaden: VS.

Michel, Burkard/Wittpoth, Jürgen (2009): Habitus at work. Sinnbildungsprozesse beim Betrachten von Fotografien. In: Friebertshäuser, Barbara et al. (Hrsg.) Reflexive Erziehungswissenschaft. Forschungsperspektiven im Anschluss an Pierre Bourdieu. 2. Aufl. Wiesbaden: VS, S. 81–100.

Michel, Burkard/Wittpoth, Jürgen (2013): Habitus und Bildsinn(e). In: Loos, Pete. (Hrsg.): Dokumentarische Methode. Opladen/Berlin/Toronto: Barbara Budrich, S. 170–186.

Oevermann, Ulrich (1996): Theoretische Skizze einer revidierten Theorie professionalisierten Handelns. In: Combe, Arno/Helsper, Werner (Hrsg.): Pädagogische Professionalität. Frankfurt a.M.: Suhrkamp, S. 70–183.

Panofsky, Erwin (2006): Ikonographie und Ikonologie. Köln: Dumont.

Przyborski, Aglaja/Slunecko, Thomas (2010): Dokumentarische Methode. In: Mey, Günter/Mruck, Katja (Hrsg.) Handbuch Qualitative Forschung in der Psychologie, 978-3-531-92052-8_44. Wiesbaden: VS.

Raab, Jürgen (2007): Die „Objektivität" des Sehens als wissenssoziologisches Problem. *Sozialer Sinn. Zeitschrift für hermeneutische Sozialforschung* 8 (2), S. 287–304.

Schaff, Adam (1974): Sprache und Erkenntnis, Reinbek bei Hamburg: Rowohlt.

Schütze, Fritz (1992): Sozialarbeit als bescheidene Profession. In: Dewe, B. et al. (Hrsg.) Erziehen als Profession. Opladen: Leske + Budrich, S. 132–171.

Schweppe, Cornelia et al. (2018): Forschung als Befremdung von Praxis. In: Gunter Graßhoff et al. (Hrsg), Soziale Arbeit. Wiesbaden: VS, S. 661–671.

Thole, Werner/Küster Ernst-Uwe (1996): Sozialpädagogische Profis. Beruflicher Habitus, Wissen und Können von PädagogInnen in der außerschulischen Kinder- und Jugendarbeit. Wiesbaden: VS.

Teil II
Beispielhafte Analysen

Das erfolgreiche Leben

Corinna Onnen

Der Beitrag greift das Thema des erfolgreichen Lebens auf, das als Metapher in alle Bereiche des Alltagslebens Einzug gehalten hat. Menschen sind mit einer Ökonomisierung und damit einhergehenden Zweckrationalisierung des Lebens konfrontiert, die sich auf alle Bereiche und Dimensionen des Lebens erstreckt. Das Leben scheint für das Individuum anhand eines roten Fadens zu verlaufen und wird als Perlenschnur metaphorisiert. Der Beitrag geht dem nach und versucht die Fragen zu beantworten, woran sich Menschen heutzutage orientieren, um ihr Leben als *erfolgreich* zu bezeichnen. Den Ausgangspunkt bilden zunächst historische Entwicklungsstränge aus philosophischen Analysen und dann soziologische Perspektiven. Das so erarbeitete theoretische Denkkonstrukt wird alsdann mit familiensoziologischen Befunden belegt. Hierbei werden die Konstrukte *Lebenslauf* und *Normalbiographie,* die in den 1970er Jahren in der Familiensoziologie „Konjunktur" hatten auf ihre Aktualität überprüft. Als ein Ergebnis kann festgehalten werden, dass das *erfolgreiche Leben* eine Thematik ist, die mit Verbindungstheorien zwischen soziologischer Makro- und Mikrotheorie erklärbar ist: Das *erfolgreiche Leben* ergibt sich nämlich aus Biographien und muss unabhängig vom Lebenslauf verortet werden – erst im Rahmen der eigenen Lebensgeschichte gewinnen dann wieder individuelle Bewertungen Oberhand.

Im Wartezimmer einer allgemeinmedizinischen Praxis: sechs Frauen und ein Mann warten auf ihre Behandlung. Die Tür geht auf, es kommt Herr F. die Tür herein und setzt sich neben die bereits wartende Frau G. Schnell wird klar, dass die beiden sich kennen und lange nicht gesehen haben. Er ist in der Clique ihres Sohnes, aus der sich beide kennen und das Gespräch, das beide führen, bezieht

C. Onnen (✉)
Universität Vechta, Vechta, Deutschland
E-Mail: corinna.onnen@uni-vechta.de

© Springer Fachmedien Wiesbaden GmbH, ein Teil von Springer Nature 2019
M. Junge (Hrsg.), *Das Bild in der Metapher,*
https://doi.org/10.1007/978-3-658-24562-7_4

nach und nach die anderen Wartenden mit ein. Zunächst geht es um die kürzlich durchgeführte Operation an Herrn F. und seine Feststellung, dass er deshalb die Aktivitäten der Clique nicht habe wahrnehmen können. Obwohl er lauthals sprach und sämtliche seiner Äußerungen auf eine lakonische Art stets mit einem Lacher beendete, mochte er die Frage nach dem Grund seiner OP nicht beantworten.

Daraufhin zeigte sich Frau G. betroffen und fragte ihn nach seinem Alter. Sie informierte ihn über den kürzlichen Tod einer gemeinsamen Bekannten, die mit 78 gestorben sei, und sagte: „Sie war ja auch schon sehr alt – acht Jahre älter als ich". Herr F. erwiderte: „Ich lebe noch 16 Jahre, habe ich beschlossen, ich finde nämlich, dass 67 Jahre reichen." „Das ist doch viel zu wenig", rief plötzlich die Nachbarin von Frau G., „dann wäre ich doch schon ein Jahr tot!" Und eine weitere meinte: „In 17 Jahren bin ich Hundert. Ich will noch was vom Leben haben!" Eine gerade eintretende Frau mischte sich direkt ins Gespräch ein: „67? Neee, ich bin fit, gesund und will in meinem Leben gerade loslegen. Ich habe einiges erreicht und noch viel vor! Und das will ich in drei Jahren erledigt haben. Stress will ich aber nicht, ich will auch länger leben." Herr F. blieb bei seinen 67 Jahren, meine Sitznachbarin entrüstete sich weiter: „Eins steht fest: Sie sind zu dick, Sie werden auch die 16 Jahre nicht mehr schaffen. Es läuft bei Ihnen alles schief, was man sich denken kann." Alle lachten und schließlich äußerte sich der bislang einzige und noch schweigende Mann: „Mir ist es egal, wie alt ich werde, Hauptsache ist doch, dass man das alles so abarbeitet, was man vorhat." Menschen sind halt verschieden, auch was ihre Vorstellung von Leben angeht.

1   Einleitung[1]

In diesem „Blitzlicht" wird ein moderner Zeitgeist vom Erfolg eines Lebens artikuliert: körperliche Gesundheit, ausgedrückt unter anderem auch durch ein äußeres Erscheinungsbild, etwas erreichen und erleben wollen, bzw. das Erlebte als Ansporn nehmen, noch mehr zu erleben – und das alles möglichst stressfrei – und der Plan vom Leben scheint ein erfolgreiches Leben zu bedingen. Gleichzeitig gilt es Zurückhaltung nach außen zu üben, wenn es um negative persönliche Lebensumstände geht – wie der Grund der OP von Herrn F., den er nicht beantwortet.

Dass es solch einen Plan zu geben scheint, zeigen Situationsumschreibungen im Lebenslauf, die in gängige sprachliche Narrative übergegangen sind: stirbt

---

[1]Mein Dank gebührt meiner Kollegin Rita Stein-Redent, Universität Vechta, die sich immer wieder konstruktiv und mit wertvollen Anregungen in den Artikel eingemischt hat.

z. B. ein Mensch mit 100 Jahren, hört man „er (oder sie) hatte ein langes Leben" und „sein/ihr" Alter „erreicht". Stirbt jemand hingegen mit 50 Jahren, kam „der Tod zu früh", denn „er/sie hatte noch viel vor" oder wurde gar „mitten aus dem Leben gerissen"; junge Menschen wiederum hatten „das Leben noch vor sich".

Gesellschaftliche Bedingungen eines *guten Lebens* zu analysieren ist nicht nur Gegenstand der angewandten Ethik oder der Moraltheologie. Mit Fragen der Sozialethik befassten sich auch Soziologen wie Ferdinand Tönnies (1887) und Georg Simmel (1888), die durch ihre Arbeiten eine moralische Kritik der herrschenden Zustände, die aus ihrer Sicht zu sehr durch ökonomische Faktoren geprägt sind, vornahmen.

Seit den 1980er Jahren hat insbesondere Alfred Bellebaum das Thema vom guten Leben wieder in die Mikrosoziologie eingebracht (auch z. B. Delhey 2012). Aber nicht nur in der Wissenschaft, sondern vor allem auch in den Medien, umgibt uns fast wie ein Credo die Aufgabe, das eigene Leben mit Glück, Erfolg und Ertrag zu versorgen.

In unserer medialen Gesellschaft werden wir darüber hinaus mit Ausschnitten des Lebens konfrontiert, die als Kritik an herrschenden Zuständen entweder komisch oder dystopisch gelten mögen. Hier können als Beispiele verschiedene Genres genannt werden:

- In Charlie Chaplins Film Modern Times (1936) wird der Protagonist durch die Arbeitsverhältnisse unglücklich und landet schließlich im Irrenhaus;
- der Trickfilmer Bruno Bozetto drehte im Zeitraum von 1960–1977 36 Kurzfilme, die heute zu den Klassikern des Zeichentricks zählen. Hier lässt er die Kult-Trickfigur Herrn Rossi das Glück suchen. Dieser leidet unter dem statusbewussten Chef bis er von einer Fee eine Trillerpfeife bekommt, mit deren Hilfe er durch Raum und Zeit reisen kann, damit er sein Glück – also ein besseres Leben ohne seinen Chef- finden kann;
- im französischen Film von Jean-Pierre Jeunet findet Amélie, die sich durch Beobachten alltäglicher Dinge und Begebenheiten eine „fabelhafte" Welt erschafft, schließlich ihr Glück (Die fabelhafte Welt der Amélie 2001); und
- der Psychiater und Schriftsteller François Lelord schickt seit 2004 Hector auf Reisen: dieser sucht das Glück auf Weltreisen (2004), in der Liebe (2005), der Hektik des Alltags durch die Entdeckung der Zeit (2006), in Geheimnissen des Lebens (2009) oder in der zweiten Lebenshälfte (2013).

In allen Beispielen scheint es eine unsichtbare Hand zu geben, die die Geschicke der jeweiligen Protagonist_innen leitet. Wer oder was ist diese unsichtbare Hand?

Feststellbar ist überall eine Ökonomisierung des Lebens; sie bezieht sich auf alle Bereiche und Dimensionen des Lebens von Individuen, Gruppen, Organisationen und eben auch Familien und geht unmittelbar mit einer starken Zweckrationalisierung einher. Das moderne Credo ist „alles muss sich rechnen" und das Individuum soll sich den eigenen individuellen Weg durch die verschiedenen Anforderungen, die das Leben stellt, selbst bahnen.

Bildliche Metaphern sind in diesem Themenfeld besonders prägnant: das Leben scheint anhand eines roten Fadens zu verlaufen, der ähnlich einer Kette bestimmte Ereignisse perlenähnlich aufnimmt. Das Leben lässt sich demnach als Perlenschnur metaphorisieren. Doch welche Perlen werden aufgefädelt? Wer entscheidet darüber, ob und welche Perle in die Hand genommen wird – welches Ereignis also – eintritt? Sind es gesellschaftliche, und damit normativ definierte Rahmungen, oder individuelle Entscheidungen? Verläuft das Leben nach einem inhärenten Plan? Wer hat ihn aufgestellt? Schließlich: wann ist Leben *gelungen?* Und: ist ein gelungenes Leben auch unweigerlich ein *erfolgreiches?*

Die folgenden Überlegungen sollen einen Beitrag zum Verständnis der Metapher des *erfolgreichen* Lebens aus familiensoziologischer Perspektive leisten. Sie versuchen die Fragen zu beantworten, woran sich Menschen heutzutage orientieren, um ihr Leben als *erfolgreich* zu bezeichnen. Die Thematik ist dabei nicht neu, sie hatte in der Familiensoziologie seit den späten 1970er Jahren „Konjunktur" mit der Einbeziehung der Kategorie „Zeit" als Analysekriterium. Beispiele hierfür sind die Arbeiten von Martin Kohli (z. B. 1973) und René Levy (z. B. 1977) und der groß angelegte Sonderforschungsbereich 186 Sfb *Statuspassagen und Risikolagen im Lebensverlauf* 1988–2001 an der Universität Bremen (Sfb186.uni-bremen.de). Die Lebenslaufforschung wird heute nicht mehr so fokussiert wie im letzten Viertel des 20. Jahrhunderts. Diese soll hier in Verbindung mit verschiedenen soziologischen Theorien auf die aktuelle Metaphorik des erfolgreichen Lebens hinweisend betrachtet werden.

Den Einstieg bietet ein kurzer und grober Überblick über historische Entwicklungsstränge vornehmlich aus philosophischen Analysen, um dann in die soziologische Perspektive einzuführen. Das so erarbeitete theoretische Denkkonstrukt wird alsdann mit familiensoziologischen Befunden belegt.

2   Wissenschaftstheoretische Konzeptionen

Das Ergebnis der Auseinandersetzung mit der Thematik stellt sich äußerst komplex dar, da – ausgehend von philosophischen Betrachtungen – in die Analyse vom *Erfolg* Konstrukte wie *Glück, Zielerreichung, Gewinn* eingehen. Diese unterliegen einer Subjektivierung und Objektivierung der Betrachtung und Herangehensweise und sind damit einer Normierung unterzogen. Sie können auch den Lebensverlauf betrachten helfen. Darüber hinaus lässt sich, in diesem Kontext eine Prozessperspektive auf das eigene Leben in die Zukunft genauso wie retrospektiv gerichtet ausmachen. Ebenso ist eine punktuelle Perspektive in Form einer Querschnittsbetrachtung auf einzelne isolierte Ereignisse annehmbar: Ist z. B. das Leben eines jungen Menschen gelungen und glücklich und damit *erfolgreich*, wenn er oder sie sich Ziele setzt und damit einen Plan macht, der am Lebensende oder eben zwischenzeitig bei biographischen Ereignissen oder Statusänderungen bilanziert und dann relativiert wird? Oder ist das Leben erst dann *erfolgreich*, wenn ein alter Mensch retrospektiv sein Leben bewertet? Wer stellt sich die Frage, ob das eigene Leben *erfolgreich* ist – die Individuen von sich aus oder wird ihr Lebenserfolg von anderen bewertet? Diese Aspekte sind keineswegs neu, berühren sie doch Grundfragen der Menschen nach dem Sinn des Lebens. Hier haben die analytische Philosophie und Theologie eine lange Tradition mit ihren verschiedenen wissenschaftstheoretischen Schulen (vgl. hierzu zusammenfassend die Theorien zum guten Leben aus analytischer philosophischer Sicht von Steinfath 2011). Gemeinsam sind allen Definitionen und Analysen eines (gelungenen) glücklichen Lebens drei Aspekte: Glück, Gelingen, Gutsein – die Frage nach dem Lebens*erfolg* beantworten sie jedoch nicht.

Aus historischer Perspektive spielt die Sicht auf das gesamte Leben und dessen Bewertung als erfolgreich zunächst keine Rolle. Die Überlieferungen der griechischen Antike insbesondere der Philosophie Sokrates belegen allenfalls den Begriff des *Glücks,* welches Menschen erreichen können und das als Bestandteil eines gelungenen Lebens gesehen wird. So sieht Sokrates *Glück* in Zusammenhang mit Gerechtigkeit als objektiven Begriff für ein gelungenes Leben (s. Xenophon 1864) und Platon ergänzte *Vernunft* und gestand *Glück* damit nur wenigen Menschen zu (Meck 2003, S. 40). Eine elitäre Vorstellung von *Glück* und *Glückseligkeit* ist auch bei Aristoteles auszumachen, der gesellschaftliche (Wohlstand), physische (Gesundheit) und psychische (Seele) Kategorien als Bestandteile des Glücks mit einer klaren Priorisierung der seelischen Kategorie verstand (Meck 2003, S. 40 ff.; vgl. Bellebaum und Hettlage 2010). *Glück* ist damit untrennbar mit einem *guten* Leben verbunden, wie Steinfath summierend herausarbeitet: „Wir können eigenes und fremdes Leben nach verschiedenen Hinsichten als gut bewerten" (Steinfath 2011, S. 296). Er führt als Kriterien moralische, religiöse, politisch vorbildliche, ästhetisch gelungene oder Bewunderung für Lebensleistungen an und fährt fort: „… Alle diese Bewertungsdimensionen können in Theorien des guten Lebens aufgegriffen werden. … Gängige Umschreibungen besagen, dass ein Leben gut für jemanden ist, wenn es ihm zuträglich ist, ihm zum Vorteil gereicht oder in seinem Interesse liegt" (ebd.).

Die Suche nach dem *erfolgreichen* Leben hingegen ist eine Errungenschaft der Moderne. Mit ausgehendem Mittelalter und in der frühen Neuzeit wurde Erfolg nur in Verbindung mit *Macht* verstanden und galt nahezu ausschließlich für die höfische Gesellschaft als Ziel ihrer Macht(erhaltungs)kämpfe. Im entstehenden Bürgertum wandelte der Begriff seine Bedeutung und wurde fortan mit persönlichem Leistungsstreben des einzelnen Menschen (damals nur der Bürger, also der Männer) in Beziehung gesetzt und mit einer Verbesserung der sozialen Aufwärtsmobilität konnotiert (Neckel 2008, S. 45 ff., 2001; Junge und Lechner 2004, S. 7; Ichheiser 1930).

Damit eröffnet sich die Bezeichnung *erfolgreiches* Leben für eine handlungstheoretische Betrachtungsweise. Ganz im Sinne Max Webers Handlungsbegriff[2] ist auch der *Sinn* des Lebens für Menschen von heute stark mit Erfolg verknüpft.

Eine Metaphorik über das Leben und Erfolg findet sich in allen Lebensphasen – der Lebens*erfolg* suggeriert zunächst eine ganzheitliche Perspektive auf das Leben und beinhaltet aber auch weitere Metaphern, die Wirth (2015) unter systemtheoretischer Perspektive umfangreich herausarbeitet. Erfolg stellt sich nur nach einem Handlungsprozess ein. Der Lebens*erfolg* beinhaltet die Lebensführung in Gänze – also die aktive Gestaltungsoptionen zur „Führung" oder zum „Geführt-werden" im Leben. Wirth benennt dieses als „pragmatische Paradoxie":

> „Lebensführung … bezieht sich auf das gleichermaßen verzwickte wie verwickelte Ganze von ‚Individuum' und die Bedingungen der Möglichkeit seiner selbst: ‚Gesellschaft'" (Wirth 2015, S. 36) und „Sie [die Lebensführung, C.On] resultiert aus der Einheit der Differenz von Individuum und Gesellschaft. Gemeint ist damit, dass autonome, in ihrem Verhalten durch ihre eigenen, internen Strukturen gesteuerte Menschen, mit der unvermeidlichen Aufgabe umgehen müssen, sich in gesellschaftliche Verhältnisse einzufügen, von denen sie einerseits abhängig sind, die sie andererseits aber, zumindest in ihrem unmittelbaren Umfeld, selbst mitgestalten (können). Lebensführung heißt, mit dieser Paradoxie umzugehen" (aus dem Geleitwort von F. Simon zu Wirth 2015, S. 6).

Schon einige soziologische Klassiker haben diese Wechselwirkung der Beziehung des Menschen mit seiner Umwelt gesehen, allen voran Georg Simmel (GSG 5: S. 52–61, zit. nach Nedelmann 1999, S. 133 ff.). Neben dieser bereits sehr frühen

---

[2]„Handeln' soll dabei ein menschliches Verhalten (einerlei ob äußeres oder innerliches Tun, Unterlassen oder Dulden) heißen, wenn und insofern als der oder die Handelnden mit ihm einen subjektiven *Sinn* verbinden. ‚Soziales' Handeln aber soll ein solches Handeln heißen, welches seinem von dem oder den Handelnden gemeinten Sinn nach auf das Verhalten *anderer* bezogen wird und daran in seinem Ablauf orientiert ist" (Weber 1922, S. 1 ff.).

Perspektive auf den Menschen als Individuum, betont Simmel in seinem Forschungsprogramm die Inhalte der Soziabilität als „Formen der Vergesellschaftung" und hebt besonders das *Tun* und *Leiden* hervor, wobei letzteres gleichzusetzen ist mit „Erleben". Als Dimensionen von soziologischen Untersuchungen benennt er die Anzahl der miteinander wechselwirkenden Individuen, die räumlichen Eigenschaften dieser Wechselwirkungen, die Zeit in ihrer diachronen und synchronen Form, die auf die Entwicklung von Phänomenen und den Dualismus zwischen Spannung und Dynamik der Wechselbeziehungen Einfluss haben (Rammstedt 2000, S. 390 f.; Nedelmann 1999, S. 137 ff.). Diese Wechselwirkungen gewinnen durch den ökonomischen Tausch ihre Besonderheit, weil beim Tausch von zwei Gütern ein Wert eingesetzt werden muss, der schwer objektivierbar ist. Simmel unterscheidet dabei verschiedene Begehren der beiden tauschenden Personen und die Subjektivität der Wertbestimmung und kennzeichnet letztlich diesen ökonomischen Tausch als „elementare Form der Vergesellschaftung" (GSG Bd. 5 und 6, zit. nach Lichtblau 1997, S. 39 ff.). Gerade mit der Einführung der empirischen Kategorie „Zeit" betont Simmel diese Wechselwirkung. Er erweitert die Sicht von einer bloßen Kausalität zeitlicher Abfolgen vergangener Ereignisse um den Faktor der Interpretation, also um die Wechselwirkung, „bei der zugleich ‚die Gegenwart auf die Vergangenheit wirkt und die Vergangenheit auf die Gegenwart" (PhK, 157) (zit. in Lichtblau 1997, S. 132).

Übertragen bedeutet das damit, dass ein *erfolgreiches Leben* als eine elementare Form des vergesellschafteten Individuums gesehen werden muss und die Bewertung des Lebenserfolges sowohl einer synchronen wie diachronen Perspektive und der damit einhergehenden Wechselwirkung unterliegt. Diese „faits sociaux" (Durkheim 1988, S. 114) konstituieren die „symbolische Ordnung" (Bourdieu 2001, S. 226; vgl. hierzu Magerski 2005). Wirth unterstreicht: „Die heutige Lebensführung als dem ‚Arrangieren von symbolischen Ordnungen und Codierungen' mit je eigenen Limitationen und Anschlusschancen verläuft kompliziert und beziehungsreich zwischen Individuen, Familien und Organisationen über verschiedene soziale Beziehungsformen, durch Ereignisse, Kontexte und gesellschaftliche Funktionssphären hindurch bzw. steht zu ihnen quer (Wirth 2015, S. 17f.) (vgl. Durkheim 1883, 1988; Luhmann 1997, 1998; Keupp 1999). Aus systemtheoretischer Sicht werden die Leistungen, die Wechselwirkungen der (Lebens)Welt zu bewältigen, als „… Vermittlung zwischen einer ‚unheilbar' (Nassehi 2003, S. 116) unter dem Primat funktionaler Differenzierung stehenden Gesellschaft bzw. ihren Teilsystemen und Dividuen, die nicht nur eine polykontexturale Inklusions- und Exklusionsindividualität transitorisch zu behaupten haben, sondern Inklusion und Exklusion sinnhaft arrangieren müssen, um psychophysischen Funktionserfordernissen im Lebensverlauf gerecht zu werden" (Wirth 2015, S. 387) – Individuen müssen demnach eigenständig die

Differenziertheit der Gesellschaft in ihr Leben integrieren (vgl. zur Identitäts-
bildung Nassehi 2011).
  Doch wie gelingt ihnen das? Prozessuale Aspekte bleiben unberücksichtigt,
da die beschriebenen makrotheoretischen Ansätze zwar Gesellschaftsstrukturen
erklären, nicht aber die individuellen Entscheidungsoptionen der handelnden
Subjekte und auch nicht, wieso eine Optionenvielfalt trotzdem vorhandene Strukturen verfestigt. Eine Brücke zur Verbindung von Makro- und Mikroperspektive
ermöglicht Habermas' Theorie des kommunikativen Handelns, die die Sprech-
handlungen der Menschen berücksichtigt (Treibel 2006, S. 167 f.; Habermas
1981). Sie werden auf eine innere und eine äußere Welt bezogen und nehmen
somit gestalterische Funktionen für die Lebenswelt[3] der Menschen an. Den
Blick auf das gesamte Leben, um es dann ggf. auch als *erfolgreich* bezeichnen
zu können, ermöglichen schließlich Individualisierungstheorien. Giddens nimmt
in der „Theorie der Strukturierung" die Aspekte der oben beschrieben Klassiker
auf und betont die raum-zeitliche Dimension als Erklärungsmodell der Struktur.
Indem die Veränderbarkeit der sozialen Handlungen durch das Individuum in der
Wechselbeziehung mit der Lebenswelt betrachtet wird, kann nach Giddens die
Struktur nicht determiniert sein, sondern wird in ihrer Ausgestaltung durch das
Individuum stets neu konstituiert (Giddens 1988, S. 17). Für das Individuum stellt
sich damit das Problem einer permanenten Aushandlung ihrer sozialen Hand-
lungen und Praktiken vor dem Hintergrund „alltagsweltlicher Wissensbestände"
(Abels und König 2016, S. 169 f.) in ihrer strukturellen Einbettung. Welche Aus-
wirkungen hat dieses auf den Lebenslauf eines Menschen?

3   Normalbiographie und Lebenslauf

Sowohl im wissenschaftlichen als auch im alltäglichen Sprachgebrauch sind
Biographien und Lebensläufe nicht dasselbe. Im Folgenden soll daher die Verknüpfung beider Ansätze beschrieben werden. Der Lebenslauf als Aneinander-
reihung von Zuständen in Form von Rollen und Lebensereignissen über die
Lebensspanne hinweg wird ergänzt durch die Herstellung einer Biographie, die
die Lebenszeit als Erfahrungs- und Handlungszusammenhang sieht (Kohli und
Hradil 2003, S. 202). Das Konzept der Biographie umfasst Kategorien z. B. als

---

[3]Mit Lebenswelt bezeichnet Habermas in Anlehnung an Schütz und Luckmann (1979) und
Berger und Luckmann (1969) das, was die Handelnden als Hintergrund ihres Handelns
unreflektiert als Erfahrungshorizont voraussetzen (Habermas 1985).

„Struktur der Reichweite" einerseits und andererseits als „Erleben der inneren Dauer" (Brose et al. 1993, S. 21). Diese „... vermitteln zwischen den zeitlichen Strukturen von kurzer, interaktiver Spannweite, die wenigstens im Prinzip inter-subjektiv ausgehandelt werden können, ... und den Zeitstrukturen großer, institutioneller Spannweite, deren Geltung die Lebensspanne eines einzelnen Menschen überschreiten kann" (Luckmann 1986, S. 160, zit. in Brose et al. 1993, S. 24) und weiter „... Aber für die Biographie sind nicht nur die Typisierungen der Biographie selbst relevant, sondern die übergeordneten, wertenden Deutungen der Sozialwelt, die sich in Handlungsrezepten, Gesetzen und Regelungen ausdrücken (ebd.). Diese Bedingungen des Handelns werden von dem einzelnen Biographieträger als Möglichkeiten, Selbstverständlichkeiten und Unmöglichkeiten für seinen Lebenslauf erfahren (...). Der einzelne erfährt die ihm vorgegebene, in der relativ-natürlichen Weltanschauung objektivierte Sozialwelt als eine auch auf ihn bezogene Abstufung subjektiver Chancen, als eine Anordnung von Pflichten, leicht oder schwer erlangbaren Zielen und Möglichkeiten. Mit anderen Worten, die Sozialstruktur steht ihm in Form typischer Biographien offen" (Berger und Luckmann 1969, S. 142, zit. in Brose et al. 1993, S. 24), und ist damit Folie seines Tuns. Levy definiert die individuelle Biographie „... als eine sozial geregelte Bewegung in der Sozialstruktur oder in ihren Teilbereichen, welche stark durch Alterszuschreibungen gesteuert wird" (Levy 1977, S. 27).

Am Beispiel von Erwerbsverläufen stellte Kohli 1973 das Konzept des institutionalisierten Lebenslaufs vor und reagierte darin auf die Beck'sche Individualisierungthese, die den institutionellen Wandel beschreibt, in dessen Folge das Individuum die eigene Biographie selbst reflexiv herzustellen habe und aus einer „Normalbiographie" eine „Wahlbiographie" wird (Beck 1986, S. 217): „normale" Lebensverläufe erodieren und die Destandardisierung führe zu einer Pluralisierung von Lebensformen (vgl. zusammenfassend Kohli 2003). Die Normalbiographie orientiert sich an einer dauerhaft vollbeschäftigten Erwerbsarbeit von Männern, und einer an Familienarbeit orientierten Teilzeitarbeit von Frauen in Form einer „Normalfamilienbiographie' mit früher und fast durchgängig verbreiteter Ehe und Elternschaft" (Kohli 2003, S. 529). Während Kohli (1985) diese Normalbiographie noch als Zeichen einer Deinstitutionalisierung „mit offener Entwicklungsrichtung" (ebd.) begriff, diagnostizierte er 2003 Veränderungen mit drei Deutungsdimensionen: a) der Anspruch an Vollzeiterwerbsarbeit hätte sich aufgelöst, b) die bisherigen Entwicklungen der Normal(familien)biographie wären eine überkommene Episode der 1960er Jahre und c) die biographischen Wahlmöglichkeiten nehmen zu und das Handeln „biographisiert" (ebd., S. 530). Besonderes Augenmerk kommt den geschlechtsspezifischen Unterschieden im Lebensverlauf zu. Diese inkludieren die „doppelte Vergesellschaftung von

Frauen" (Becker-Schmidt 1987) sowie ihre damit verbundenen „biographischen Unsicherheiten" (Wohlrab-Sahr 1993) ebenso die Dependenzen der „verbundenen Lebensverläufe" von Frauen und Männern (z. B. Born und Krüger 2001). Damit schien die Entwicklung vom standardisierten Lebensverlauf zur Patchwork-biographie als Herstellungsleistung des Individuums unaufhaltsam zu sein (vgl. Kohli 2003, S. 533). Gleichzeitig lässt sich eine Hierarchisierung der Familien-formen im Lebensverlauf konstatieren (Zartler 2012, S. 79).

Kohli setzt demgegenüber das „Lebenslaufregime", welches den institutio-nalisierten Lebenslauf als ganzheitliches Muster betrachtet, und nicht nur „eine Addition von Einzelinstitutionen" (Kohli 2003, S. 533). Dass diese Lebenslauf-muster auch heute – 15 Jahre nach der kritischen Revision Kohlis Geltung zu haben scheinen, zeigt die folgende stilisierte Abbildung von (im Sinne Kohlis) „addierten Einzelinstitutionen", aus denen die „Status-Rollen-Konfigurationen" (Levy 1977, S. 31) immer noch ersichtlich sind.

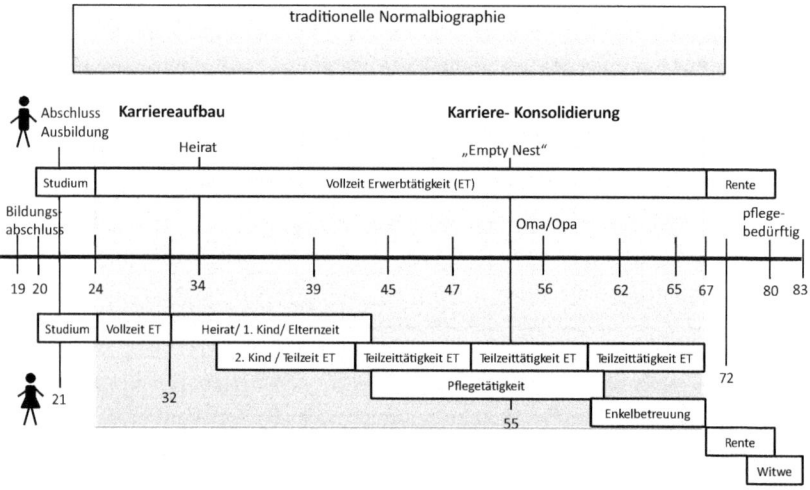

Traditionelle Normalbiographie im synthetischen Lebenslauf. (Quellen: eig. Darstellung aus Durchschnittsdaten aus Bujard und Panova 2016, destatis 2017, Motel-Klingebiel et al. 2010 und Veröff. des DEAS)

Das Schaubild aggregiert auf der Basis der Konzepte *Lebenslauf* und *Normalbio-graphie* Querschnittsdaten aus repräsentativen Statistiken und suggeriert dabei einen „synthetischen Lebensverlauf", der biographische Ereignisse der Durchschnitts-bevölkerung notiert. Im Sinne der besprochenen Ansätze soll diese Stilisierung das mindestens 15 Jahre alte Argument Kohlis (2003), dass die Normalbiographie trotz aller Pluralisierungen in der Gesellschaft handlungsleitend zu sein scheint, bestätigen: Es lässt sich leicht erkennen, dass sowohl eine *Traditionalisierung von Familienrollen* als auch die *Retraditionalisierung der Geschlechterverhältnisse* (Tölke und Wirth 2013; Bujard und Panova 2016) bei der Gründung einer Familie heutzutage ebenso virulent sind wie die immer noch vorhandene doppelte Vergesellschaftung der Frauen bzw. einfache Vergesellschaftung der Männer. Die *Rushhour des Lebens* (Bittman und Rice 2000) betrifft Männer wie Frauen zwischen 20 und 40 Jahren gleichermaßen, macht sich im Lebenslauf nur bei den Frauen durch Destandardisierung bemerkbar (vgl. BMFSFJ 2006, S. 33 ff.). Ein sozialer Wandel im Lebenslauf vollzieht sich erst nach mindestens drei Generationen (Elias 1986, S. 234, zit. nach Treibel 2006, S. 201). Damit wird hinsichtlich des Lebenslaufs die Trägheit des Wandels besonders deutlich. Allen theoretischen Überlegungen zum Trotz erscheinen die Biographien der Individuen nicht wesentlich anders zu sein als zu Beginn der Lebenslaufforschung in den 1960/1970er Jahren. Der oft konstatierte Individualisierungsprozess als grundlegende Änderung der gegenwärtigen Gesellschaft kann noch nicht in Statistiken abgebildet werden: der Lebensverlauf scheint beharrlich zu sein und einem statistisch wahrnehmbaren Wandel zu trotzen, was sich an einigen wesentlichen Ergebnissen deutlich zeigt:

- der Wunsch nach auf Dauer angelegten Paarbeziehungen hält an – jedoch hat sich die Form geändert: die Zahl der Eheschließungen ist gesunken zugunsten der Zahlen von nicht ehelichen Lebensgemeinschaften;
- am leitenden Modell der auf Vollzeit angelegten dauerhaften Erwerbsarbeit hat sich ebenfalls nichts geändert, auch ist die Betriebszugehörigkeit stabil geblieben (Kohli 2003, S. 535; Rhein 2010);
- Änderungen haben sich aufseiten der Frauen ergeben, sobald sie eine Familie gründen: favorisieren sie eine Teilzeit-Erwerbstätigkeit, fallen in die „Traditionalisierungsfalle" und steuern in eine traditionelle „Normal(familien)biographie" (Tölke und Wirth 2013).

Soziale Differenzierungen mit Hilfe von Individualisierungstheorien lassen sich eher zwischen den Milieus ausmachen als innerhalb eines Milieus (Kohli 2003, S. 535).

Familienformen pluralisieren sich, die einzelnen Rollengestaltungen differenzieren sich, das Timing der einzelnen Lebensphasen verschiebt sich – nichts deutet aber auf eine grundlegende Abkehr von Familien hin. Gehört deswegen eine Familie zum erfolgreichen Leben dazu? Diese Frage konnte im Rahmen des

Beitrags nicht geklärt werden, er lässt jedoch die Vermutung zu, dass die soziale Einbindung der Individuen in Familien ein Aspekt eines erfolgreichen Lebens zu sein scheint, was auch Forschungen zu Familienleitbildern bestätigt (vgl. Schneider et al. 2015).

Was bedeuten diese Analysen hinsichtlich der Ausgangsfrage nach dem *erfolgreichen* Leben?

4   Fazit

Um die Metapher des *erfolgreichen Lebens* erklären zu können, müssen Verbindungstheorien zwischen der Makro- und der Mikroperspektive herangezogen werden. Menschen agieren zwar innerhalb derselben Strukturen, die Handlungsergebnisse sind jedoch vielfältig und die moderne Lebensgestaltung ermöglicht verschiedene Selektionsprozesse, auf die sich wiederum das soziale Handeln der Individuen bezieht. Das *erfolgreiche Leben* ist somit eine Thematik, die sich im Rahmen von Biographien ergibt und unabhängig vom Lebenslauf verortet werden muss. Im Rahmen der eigenen Lebensgeschichte gewinnen dann wieder individuelle Bewertungen Oberhand. Hier scheint ein *erfolgreiches Leben* u. a. von der Zeitverwendung abzuhängen – der 8. Familienbericht (BMFSFJ 2012, S. 2) spricht in diesem Zusammenhang von „Zeitwohlstand". Dem Wohlbefinden kommt heutzutage eine besondere Rolle zu (s. u. a. DZA 2014, S. 29), sodass sich die Frage stellt, inwieweit die gesellschaftliche Modernisierung die Optionen der Lebensgestaltung tatsächlich erweitert hat (s. Sfb 186) oder ob wir wirklich von eben dieser Modernisierung eher „erschöpft" (Ehrenberg 2015) sind. Lässt sich gesellschaftlich ein Leitbild halten, das vom handlungsorientierten Menschen, der von Selbstverantwortung, Entscheidungsfreude, Risikodenken, Investitionsbereitschaft und Selbstoptimierung geprägt ist, zu einem Erfolg versprechenden Lebenskonzept entwickeln? Neckel konstatiert vor diesem Hintergrund eine ökonomische Erfolgskultur, die er „performative Ökonomie" nennt und die „... den Wettbewerbsindividualismus mit eigenen agonalen Beweggründen an(treibt)" (Neckel 2008, S. 13). Mit dem Bourdieu'schen Ansatz der Kapitalsorten übernimmt er dessen „Prinzip der ‚Optimierung' (Bourdieu 1997, S. 79)" (ebd.: 46), das sich in alle Lebensbereiche erstreckt und auch dafür sorgt, dass ein besonderes gesellschaftlich anerkanntes Ziel an sich einen Wert bekommt und dadurch gleichzeitig zum Gradmesser des Erfolgs wird (ebd.: 53). Während – wie eingangs beschrieben, z. B. Ichheiser (1930) – oder auch Veblen (2007) diese Art des Erfolgsdenkens kritisierten, scheint es sich rigoros in der Gesellschaft durchgesetzt zu haben. Neu ist m. E. die betonte Ichbezogenheit der Menschen heutzutage – Wohlbefinden, Gesundheit, Glück, die performative Ökonomie geht über die bloße Idee des Homo Oeconomicus hinaus und lässt letztlich (Selbst-)Verständnisse über ein *erfolgreiches* Leben kaum vom *glücklichen* und *guten* Leben trennen.

Die Glücksmetaphorik in der Soziologie (vgl. zusammenfassend Barboza 2011) wird in den Arbeiten von Veenhoven (2011) mit subjektivem Wohlbefinden in Verbindung gebracht. Sie stellt in empirischen Ländervergleichsstudien fest, dass Unterschiede im Glücksbefinden von verschiedenen Faktoren abhängen:

> „Hier spielen mehrere Faktoren eine Rolle: kollektives und individuelles Verhalten, einfache Sinneserfahrungen und höhere kognitive Vorgänge, stabile Merkmale einzelner Personen und ihrer Umwelt, unvorhergesehene Ereignisse. (…) Dem Modell liegt die Annahme zugrunde, dass sich Lebensbeurteilungen aus Erfahrungen über kürzere oder längere Lebensspannen hinweg ergeben, insbesondere aus positiven oder negativen Erfahrungen als geistige Reaktion auf Ereignisse des Lebensverlaufs" (ebd., S. 399).

Durch die enge Verknüpfung von Glück und Lebenserfolg (bzw. fehlende Trennschärfe der Begriffe) wird Glück ebenso als objektivierbare Bezeichnung zum normativen Begriff eines guten und erfüllten Lebens wie dessen inhärente Subjektivität eine Voraussetzung für ein erfolgreiche Leben zu sein scheint (Schrage 2011, S. 417).

Abschließend lässt sich festhalten, dass die Metapher des *erfolgreichen Lebens* ein gestaltbares Bild – so wie die eingangs geschilderte Situation im Wartezimmer zeigt – wie kein anderes für moderne Gesellschaften darstellt, das aber in seiner Ambiguität immer auch weitere Metaphern beinhaltet – das *erfolgreiche Leben* geht somit über eine bloße „Zeitdiagnose" (Junge 2016) hinaus und ist vielleicht sogar eine „Metapher-Metapher".

Literatur

Abels, Heinz/König, Alexandra (2016): Sozialisation. Über die Vermittlung von Gesellschaft und Individuum und die Bedingungen von Identität. 2. Aufl., Wiesbaden: Springer VS.

Barboza, Amalia (2011): Das Glück in der klassischen Soziologie. In: Thomä, Dieter, Henning, Christoph, Mitscherlich-Schönherr, Olivia (Hrsg.): Glück. Ein interdisziplinäres Handbuch. Stuttgart, Weimar: Metzler, S. 249–254.

Beck, Ulrich (1986): Risikogesellschaft. Auf dem Weg in eine andere Moderne. Frankfurt/Main: Suhrkamp.

Becker-Schmidt, Regina (1987): Die doppelte Vergesellschaftung – die doppelte Unterdrückung: Besonderheiten der Frauenforschung in den Sozialwissenschaften. In: Unterkircher, Lilo, Wagner, Ina (Hrsg.): Die andere Hälfte der Gesellschaft. Österreichischer Soziologentag. Wien, S. 10–25.

Bellebaum, Alfred/Hettlage, Robert (Hrsg.) (2010): Glück hat viele Gesichter: Annäherungen an eine gekonnte Lebensführung. Wiesbaden: VS Verlag für Sozialwissenschaften.

Berger, Peter L./Luckmann, Thomas (1969): Die gesellschaftliche Konstruktion der Wirklichkeit. Frankfurt/Main: Suhrkamp.

Bittman, Michael/Rice, James Mahmud (2000): The rush hour: the character of leisure time and gender equity. In: Social Forces. 79(1), S. 165–189.

Born, Claudia/Krüger, Helga (Hrsg.) (2001): Individualisierung und Verflechtung – Geschlecht und Generation im deutschen Lebenslaufregime. Weinheim: Juventa.

Bourdieu, Pierre (2001): Meditationen. Zur Kritik der scholastischen Vernunft. Frankfurt a.M.: Suhrkamp.

Bozetto, Bruno (1966–1970): Herr Rossi sucht das Glück. Filme, Italien.

Chaplin, Charlie (1936): Modern Times. Film USA.

Brose, Hanns-Georg/Wohlrab-Sahr, Monika/Corsten, Michael (1993): Soziale Zeit und Biographie. Über die Gestaltung von Alltagszeit und Lebenszeit. Opladen: Westd. Verl., 1993.

Bujard, Martin/Panova, Ralina (2016): Rushhour des Lebens. In: Bevölkerungsforschung Aktuell. Jg. 37(1), S. 11–20.

Bundesministerium für Familie, Senioren, Frauen und Jugend (BMFSFJ) (2012): Achter Familienbericht. Zeit für Familie – Familienzeitpolitik als Chance einer nachhaltigen Familienpolitik. Bundestagsdrucksache 17/9000.

Bundesministerium für Familie, Senioren, Frauen und Jugend (BMFSFJ) (2006): Siebter Familienbericht. Familie zwischen Flexibilität und Verlässlichkeit – Perspektiven für eine lebenslaufbezogene Familienpolitik. Bundestagdrucksache 16/1360.

Delhey, Jan (2012): Gleichheit fühlt sich besser an. Statusunbehagen und Wohlbefinden in europäischen Gesellschaften. Informationsdienst soziale Indikatoren Nr. 47, Februar 2012, S. 8–11.

Deutsches Zentrum für Altersfragen (DZA) (2014): Deutscher Alterssurvey 2014. Zentrale Befunde. https://www.dza.de/fileadmin/dza/pdf/DEAS2014_Kurzfassung.pdf. Zugriff am: 21.10.2018.

Durkheim, Emile (1984 [1895]): Die Regeln der soziologischen Methode. Frankfurt/Main: Suhrkamp.

Durkheim, Emile (1988 [1883]): Über soziale Arbeitsteilung. Studie über die Organisation höherer Gesellschaften. Frankfurt/Main: Suhrkamp.

Ehrenberg, Alain (2015): Das erschöpfte Selbst. Depression und Gesellschaft in der Gegenwart. 2. Aufl., Frankfurt/Main, New York: Campus.

Elias, Norbert (1986): ‚Figuration'. Prozesse, ‚soziale', ‚Zivilisation'. In: Schäfers, Bernhard (Hrsg.): Grundbegriffe der Soziologie. Opladen: Leske + Budrich.

Georg Simmel Gesamtausgabe (GSG), hrsg. v. Rammstedt, Otthein et al. 1989 ff. Frankfurt/Main: Suhrkamp.

Giddens, Anthony (1988): Die Konstitution der Gesellschaft: Grundzüge einer Theorie der Strukturierung. Frankfurt/Main, New York: Campus.

Habermas, Jürgen (1981): Theorie kommunikativen Handelns. Bd. 2: Zur Kritik der funktionalistischen Vernunft. Frankfurt/Main: Suhrkamp.

Ichheiser, Gustav (1930): Kritik des Erfolges. Eine soziologische Untersuchung. Leipzig: C.L. Hirschfeld.

Jeunet, Jean-Pierre (2001): Die fabelhafte Welt der Amélie, Film, Frankreich.

Junge, Matthias, Lechner, Götz (Hrsg.) (2004): Scheitern. Aspekte eines sozialen Phänomens. Wiesbaden: VS Verlag für Sozialwissenschaften.

Junge, Matthias (Hrsg.) (2016): Metaphern soziologischer Zeitdiagnosen. Wiesbaden: Springer Fachmedien.

Keupp, Heiner (1999): Identitätskonstruktionen. Das Patchwork der Identitäten in der Spätmoderne. Reinbek bei Hamburg: Rowohlt.

Kohli, Martin (2003): Der institutionalisierte Lebenslauf: ein Blick zurück und nach vorn. In: Allmendinger, Jutta (Hrsg.): Entstaatlichung und soziale Sicherheit. Verhandlungen des 31. Kongresses der Deutschen Gesellschaft für Soziologie Leipzig 2002, S. 525–545.

Kohli, Martin (1985): Die Institutionalisierung des Lebenslaufs: Historische Befunde und theoretische Argumente, Kölner Zeitschrift für Soziologie und Sozialpsychologie, Jg. 37, S. 1–29.

Kohli, Martin (1973): Studium und berufliche Laufbahn. Stuttgart: Enke.

Kohli, Martin/Hradil, Stefan (2003): Lebenslauf. In: Schäfers, Bernhard (Hrsg.): Grundbegriffe der Soziologie. Wiesbaden: VS Verlag für Sozialwissenschaften, S. 202–204.

Lelord, François (2004–2013): ‚Hectors Reise oder Die Suche nach dem Glück' (2004), ‚Hector und die Geheimnisse der Liebe' (2005), ‚Hector und die Entdeckung der Zeit' (2006), ‚Hector & Hector und die Geheimnisse des Lebens' (2009), ‚Hector fängt ein neues Leben an' (2013). München: Piper.

Levy, René (1977): Lebenslauf als Statusbiographie. Stuttgart: Enke.

Lichtblau, Klaus (1997): Georg Simmel. Frankfurt/Main, New York: Campus.

Luckmann, Thomas (1986): Zeit und Identität. Innere, soziale und historische Zeit. In: Fürstenberg, Friedrich, Mörth, Ingo (Hrsg.): Zeit als Strukturelement von Lebenswelt und Gesellschaft. Linz: R. Trauner, S. 135–174.

Luhmann, Niklas (1997): Die Gesellschaft der Gesellschaft. Frankfurt/Main: Suhrkamp.

Magerski, Christine (2005): Die Wirkungsmacht des Symbolischen. Von Cassirers Philosophie der symbolischen Formen zu Bourdieus Soziologie der symbolischen Formen. In: Zeitschrift für Soziologie, Jg. 34, H. 2, S. 112–127.

Meck, Sabine (2003): Vom guten Leben. Eine Geschichte des Glücks. Darmstadt: WBG.

Motel-Klingebiel/Andreas, Wurm, Susanne/Tesch-Römer, Clemens (Hrsg.) (2010): Altern im Wandel. Befunde des Deutschen Alterssurveys (DEAS). Stuttgart: Kohlhammer.

Nassehi, Armin (2011): Überraschte Identitäten. Über die kommunikative Formierung von Identitäten und Differenzen nebst einigen Bemerkungen zu theoretischen Konturen. In: S. 211–237.

Nassehi, Armin (2003): Geschlossenheit und Offenheit. Studien zur Theorie der modernen Gesellschaft. Frankfurt/Main: Suhrkamp.

Neckel, Sighard (2008): Flucht nach vorn. Die Erfolgskultur der Marktgesellschaft. Frankfurt/Main, New York: Campus.

Neckel, Sighard (2001): „Leistung" und „Erfolg". Die symbolische Ordnung der Marktgesellschaft. In: Barlösius, Eva, Müller, Hans-Peter, Sigmund, Steffen (Hrsg.): Gesellschaftsbilder im Umbruch. Soziologische Perspektiven in Deutschland. Wiesbaden: Springer, S. 245–265.

Nedelmann, Brigitta (1999): Georg Simmel. In: Kaesler, Dirk (Hrsg.): Klassiker der Soziologie. Bd. 1: Von Auguste Comte bis Norbert Elias. München: C.H. Beck, S. 127–149.

Rammstedt, Otthein (2000): Georg Simmel: ‚Über sociale Differenzierung‘. In: Kaesler,
Dirk; Vogt, Ludgera (Hrsg.): Hauptwerke der Soziologie. Stuttgart: Kröner, S. 389–394.

Rhein, Thomas (2010): Ist Europa auf dem Weg zum „Turbo-Arbeitsmarkt"? IAB-Kurz-
bericht 19.

Schneider, Norbert F./Diabaté, Sabine/Ruckdeschel, Kerstin (Hrsg.) (2015): Beiträge
zur Bevölkerungswissenschaft – Familienleitbilder in Deutschland. Kulturelle Vorstellungen zu Partnerschaft, Elternschaft und Familienleben. Bundesinstitut für
Bevölkerungsforschung.   https://www.bib.bund.de/Publikation/2015/Familienleit-
bilder-in-Deutschland.html?nn=9859976, Zugriff am 21.10.2018.

Schütz, Alfred/Luckmann, Thomas (1979, 1984): Strukturen der Lebenswelt. 2 Bde. Frank-
furt/Main: Suhrkamp.

Sfb 186 (1988-2001): Sonderforschungsbereich Statuspassagen und Risikolagen im
Lebensverlauf. http://www.sfb186.uni-bremen.de, Zugriff am 21.10.2018.

Simmel, Georg (1888): Bemerkungen zu socialethischen Problemen. Vierteljahresschrift
wissenschaftlicher Philosophie 12, S. 32–49, in: H.-J. Dahme (Hrsg.): Gesamtausgabe
2 (1989), S. 20–36.

Statistisches Bundesamt Fachserie 11, Reihe 1, Bildung und Kultur, Schuljahr 2017/2018,
S. 659.

Steinfath, Holmer (2011): Theorien des guten Lebens in der neueren (vorwiegend) ana-
lytischen Philosophie. In: Thomä, Dieter/Henning, Christoph/Mitscherlich-Schönherr,
Olivia (Hrsg.): Glück. Ein interdisziplinäres Handbuch. Stuttgart, Weimar: Metzler,
S. 296–302.

Schrage, Dominik (2011): Glück in der Soziologie des Konsums. In: Thomä, Dieter, Henning, Christoph, Mitscherlich-Schönherr, Olivia (Hrsg.): Glück. Ein interdisziplinäres
Handbuch. Stuttgart, Weimar: Metzler, S. 416–421.

Tölke, Angelika/Wirth, Heike (2013): Der Wandel partnerschaftlicher Erwerbsarrange-
ments und das Wohlbefinden von Müttern und Vätern in Ost- und Westdeutschland. In:
ZSE Schwerpunkt: Geschlechtsspezifische Arbeitsteilung als kulturelles Schema, Hrsg.
Corinna Onnen, Bd. 33, H. 4, S. 365–383.

Tönnies, Ferdinand (1887): Gemeinschaft und Gesellschaft – Grundbegriffe der reinen
Soziologie. Leipzig: Fues's Verlag.

Treibel, Annette (2006): Einführung in soziologische Theorien der Gegenwart. 7. Aufl.,
Wiesbaden: VS Verlag für Sozialwissenschaften.

Veblen, Thorstein (2007[1899]): Theorie der feinen Leute. Eine ökonomische Unter-
suchung der Institutionen. Frankfurt/Main: Fischer Taschenbuch-Verlag; Orig. 1899:
The theory of the leisure class. An economic study in the evolution of institutions. New
York/London: The Macmillan Company.

Veenhoven, Ruut (2011): Glück als subjektives Wohlbefinden. In: Thomä, Dieter/Henning,
Christoph/Mitscherlich-Schönherr, Olivia (Hrsg.): Glück. Ein interdisziplinäres Handbuch. Stuttgart, Weimar: Metzler, S. 396–403.

Weber, Max (1985 [1922]): Wirtschaft und Gesellschaft: Grundriss Der Verstehenden
Soziologie. 5. Aufl., Tübingen: J.C.B. Mohr (Paul Siebeck).

Wirth, Jan V. (2015): Die Lebensführung der Gesellschaft. Wiesbaden: VS Verlag für Sozialwissenschaften.

Wohlrab-Sahr, Monika, 1993: Biographische Unsicherheit – Formen weiblicher Identität in der „reflexiven Moderne": Das Beispiel der Zeitarbeiterinnen. Opladen: Leske und Budrich.

Xenophon; Zeising, Adolf (1864): Xenophons Memorabilien oder Erinnerungen an Sokrates. Stuttgart: Krais & Hoffmann.

Zartler, Ulrike (2012): Die Kernfamilie als Ideal: zur Konstruktion von Scheidung und Nachscheidungsfamilien. Zeitschrift für Familienforschung, Jg. 24, H. 1, S. 67–84.

Erfolg und Scheitern in der Wissenschaft – eine metaphorische Annäherung

Maria Keil

Auch in der Wissenschaft sind sprachliche Bilder Transporteure von Sinngehalten und Selbstverständnissen. Die metaphernanalytische Annäherung an die sprachlichen Ausdrücke von Wissenschaftlerinnen und Wissenschaftlern gibt dann Aufschluss über Handlungslogiken, die im wissenschaftlichen Feld vorherrschen und entlang derer Wissenschaftler und Wissenschaftlerinnen ihre Praxis ausrichten und interpretieren. Über die so in den Blick genommenen Bilder des Erfolgs und des Scheiterns wissenschaftlicher Laufbahnen können schließlich Vorstellungen über die Güte wissenschaftlicher Arbeit und die wissenschaftliche Leistungsfähigkeit herausgearbeitet werden. Die Datengrundlage der Metaphernanalyse bilden berufsbiografische Interviews mit promovierten Sozialwissenschaftlern und -wissenschaftlerinnen. In den entlang des Materials gebildeten Metaphernkonzepten und -szenarien werden nicht nur u. a. ein hoher Wettbewerb um Positionen, eine lange Phase beruflicher Unsicherheit und persönliche Abhängigkeitsverhältnisse als wesentliche Merkmale wissenschaftlicher Laufbahnen zum Ausdruck gebracht, sondern auch die körperliche Dimension von Wissenschaft sowie psychosoziale Voraussetzungen dieser hochsubjektivierten Arbeitsform. Weiter zeigt sich, dass Erfolg und Güte wissenschaftlicher Praxis weitgehend von einander entkoppelte Konzepte darstellen, so wird entlang einer geringen *Agency* Erfolg mit Glück und Scheitern mit Pech gleichgesetzt. Der Beitrag unterbreitet schließlich für diese von der gängigen Erfolgsdefinition abweichende Sinnkonstruktion erste Interpretationsansätze.

M. Keil (✉)
Freie Universität Berlin, Berlin, Deutschland
E-Mail: m.keil@fu-berlin.de

© Springer Fachmedien Wiesbaden GmbH, ein Teil von Springer Nature 2019   51
M. Junge (Hrsg.), *Das Bild in der Metapher*,
https://doi.org/10.1007/978-3-658-24562-7_5

Wissenschaftliche Karrieren sind wie *Einbahnstraßen*, und plötzlich können sie zu *Sackgassen* werden (Matthias Junge 2013, S. 123).

1 Einführung

Sprachliche Bilder und bildliche Vorstellungen finden sich in allen Bereichen gesellschaftlichen Lebens und bringen deren zentrale Konzeptionen zum Ausdruck. Je nach gesellschaftlicher Sphäre oder Teilbereich können spezifische Bilder Ausdruck von geteilten Vorstellungen und Sinnkonstruktionen ebendieser sein. Bei der Betrachtung des Feldes der Wissenschaft aus einer metaphernanalytischen Perspektive stellt sich also die Frage, welche Sinngehalte und Selbstverständnisse des Feldes über dessen Sprache transportiert werden. Vor dem Hintergrund der in diesem Band aufgeworfenen Thematik des Erfolgs und des Scheiterns lässt sich dann weiter fragen, welche Bilder des wissenschaftlichen Erfolgs und des wissenschaftlichen Scheiterns über Sprache vermittelt werden und in welchem Zusammenhang diese mit Vorstellungen über die Güte wissenschaftlicher Arbeit und die Leistungsfähigkeit von Wissenschaftlerinnen und Wissenschaftlern stehen. Diesen, der wissenschaftlichen Praxis zugrunde liegenden Orientierungen soll im Folgenden im Rahmen einer qualitativ-metaphernanalytischen Studie nachgegangen werden.

2 Heuristik und Methodik

Ausgangspunkt der hier vorgestellten Analyse stellt das Projekt „Erwerbsbiografien im Feld der Wissenschaft: Die Post-Doc-Phase" (Cornelia Koppetsch, Maria Keil, TU Darmstadt) dar, welches die Postdoc-Phase als Statuspassage im Rahmen eines *trajectoire* (Vgl. Bourdieu 1982; Glaser und Strauss 1971; Levy 1991) in den Blick nimmt. Der Fokus des Forschungsprojekts liegt auf dem Passungsverhältnis zwischen institutionellen Gegebenheiten, aktuellen Felddynamiken und individueller Erwerbsbiografie. Wissenschaft wird hierbei als Feld von Relationen zwischen Positionen verstanden. Die Strategien der Akteure sind damit einerseits eingebettet in einen spezifischen Feldausschnitt, in dem sich die Wissenschaftler und Wissenschaftlerinnen zu einem bestimmten Zeitpunkt bewegen und andererseits Produkt eines wissenschaftlichen Habitus, der im Rahmen einer Feldsozialisation erworben wurde (Bourdieu 1991, 1992; Vgl. Bernhard und Schmidt-Wellenburg 2012).

Um die Verläufe von wissenschaftlichen Laufbahnen, die im Feld angewendeten Strategien verstanden als praktischer Sinn (Vgl. Bourdieu 1987, 1998) für die Wissenschaft und die subjektiven Ausdeutungen erfolgreicher und weniger erfolgreicher Laufbahnen rekonstruieren zu können, wurden die berufsbiografischen Werdegänge von 24 promovierten Sozialwissenschaftlern und -wissenschaftlerinnen anhand offener Leitfadeninterviews sowie ihre Lebenslaufdaten erhoben. Zwar stand eine metaphernanalytische Auswertung der empirischen Daten nicht im Fokus der Studie, dieser Schritt bot sich jedoch aufgrund der starken Bildhaftigkeit im Gesagten an und schien fruchtbar für die weitere Analyse der Frage von Erfolg und Misserfolg wissenschaftlicher Laufbahnen. Die sozialpraxeologische Heuristik Bourdieus eignet sich hierbei ausgesprochen gut, um die Bildhaftigkeit von Sprache zu untersuchen. So ist Bourdieu nach Schmitt nicht nur ein wirksamer Metaphernproduzent – man denke exemplarisch an seinen bekannten Ausspruch, die Soziologie sei ein *Kampfsport,* sondern auch ein Protometaphernanalytiker (Schmitt 2017, S. 133; siehe hierzu insbesondere Bourdieu 1998). Dabei ist der Habitus als ein System von Denk-, Wahrnehmungs- und Handlungsmustern zu verstehen, dass sich auch metaphorisch ausdrückt: „Metaphorische Konzepte lassen sich somit als die sprachlich rekonstruierbare Seite des Habitus fassen, der andere, zum Beispiel ethnografische Analysen zur Seite gestellt werden können." (Schmitt 2017, S. 143) Eingebunden sind metaphorische Konzepte jedoch in die soziale Realität der Akteure, d. h. sie sind als Produkt der sozialen Position der Akteure im sozialen Raum sowie im entsprechenden Feld zu verstehen. Bourdieu selbst greift auf die Metapher der generativen Grammatik von Chomsky zurück, um hiermit sowohl die Limitation als auch die kreative Dimension des Habitus zu beschreiben, die sich wesentlich aus der Beziehung zwischen den objektiven Produktionsbedingungen der Erzeugung des Habitus und den Anwendungsbedingungen dieses Habitus ergibt (Bourdieu 1974, S. 143, 1976, S. 170 f.; Vgl. Schmitt 2017, S. 138). Auch Lakoff, ein Schüler Chomskys, zielt auf diese Muster des Denkens und Handelns und liefert zusammen mit seinem Kollegen Johnson Konzepte einer kognitiven Metapherntheorie (Johnson 1987; Lakoff und Johnson 1980, 1999; Lakoff 1987; Vgl. Schmitt 2017, S. 138). Diese theoretischen Überlegungen stellen die Grundlage für das theoretisch-methodische Programm von Schmitt (und anderen) dar, der ihre dargelegte Hermeneutik systematisiert und um ein konkretes methodisches Verfahren ergänzt und fortführt. So müssen Metaphern nicht einfach nur identifiziert und zugeordnet, sondern auch verstanden werden (Schmitt et al. 2018, S. 53). In diesem Zuge wird hier mit einem weiten Metaphernbegriff operiert, der Metaphern nicht nur als Form des Denkens, sondern auch des Handelns versteht: „Eine metaphorische Handlung kann definiert werden als eine Handlung,

die mindestens zwei Bedeutungen trägt, ohne eine von ihnen als vorrangig für ihr
Verständnis auszuweisen." (Junge 2014, S. 273) Mit der Einführung einer Konzeption metaphorischen Handelns beabsichtigt Junge, die kreative Seite handeln-
der Subjekte im Rahmen einer pragmatischen Handlungstheorie einzuholen (Vgl.
ebd., S. 273). Metaphern sind dann gleichzeitig strukturiert und strukturierend in
dem Sinne, dass sie Reduktionen lebensweltlicher Komplexität darstellen, die auf
verinnerlichten Strukturierungsmustern aufbauen und Handlungsorientierungen
eröffnen (Schmitt 2011, S. 49, 2017, S. 11 f.). Die Metaphernanalyse als Rekonstruktion dieser konventionalisierten oder auch idiosynkratischen Sinnstrukturen
(Kruse et al. 2011, S. 75 f.) ermöglicht ein Verstehen zweiter Ordnung: „Das Verstehen von Metaphern ist eine im Alltag sozialisierte Fähigkeit; in der Metaphernanalyse als sozialwissenschaftlicher Forschungsmethode helfen methodologische
Reflexionen und forschungspraktische Regeln dem alltäglich geübten Verstehen
in der Annäherung an das Fremde und ebenso bei der Distanzierung und Ver-
fremdung des scheinbar gut Verstandenen." (Schmitt 2011, S. 58 f.). Für die hier
vorzustellende Analyse stellt sich dann konkret die Frage nach metaphorischen
Konzepten und Szenarien im Zusammenhang von Wissenskulturen, d. h. danach,
wie Wissenskulturen durch Metaphern geprägt und möglicherweise von ihnen
getragen werden (Vgl. Junge 2010).

Im methodischen Vorgehen wurde sich auf die Arbeiten von Schmitt (2003,
2011, 2017; Schmitt et al. 2018) und Kruse et al. (2011) gestützt. Die hier vor-
gestellte Metaphernanalyse ist als Bestandteil einer qualitativen Auswertung
entlang der Grounded Theory Methodologie zu verstehen und stellt somit kein
eigenes Forschungsvorgehen dar.[1] In diesem Sinne erschien die Anwendung
der integrativen, texthermeneutischen Analysemethode von Kruse et al., die
im Grundgerüst Schmitt folgt, Metaphern jedoch nur als einen, nicht als ein-
zigen mächtigen Bestandteil der sprachlich-kommunikativen Sinnproduktion
und eines textanalytischen Auswertungsverfahren versteht, geeignet. Dieses

---

[1]Die im Schnitt zweistündigen Interviews wurden im Rahmen des Projekts entlang des
Kodierparadigmas der Grounded Theory ausgewertet (Strauss 1998; Strauss und Corbin
1996); einzelne Textpassagen wie die Eingangserzählung und weitere symbolisch verdichtet erscheinende narrative Passagen wurden außerdem sequenziell in Datensitzungen
besprochen (Breuer 2009; Vgl. Kruse et al. 2011). Um auch den äußeren Ereignisverlauf
rekonstruieren zu können wurden die in professionellen Kontexten üblicherweise verwendeten Lebensläufe in die Auswertung mit einbezogen (Vgl. Rosenthal 1995, 2005).
Die einzelnen Fälle wurden dann vor dem Hintergrund ihrer Lebenslaufdaten ins Verhältnis zueinander gesetzt und aus einer feldanalytischen Perspektive versucht ihre Position zu
bestimmen (Keil und Koppetsch i. V.).

Vorgehen besteht aus den vier Schritten des Ausschneidens und Sammelns, des Kategorisierens, des Abstrahierens und des Vervollständigens sowie des kontextuellen Einbindens und Interpretierens (Kruse et al. 2011, S. 93). Diese Schritte wurden jedoch um weitere Aspekte ergänzt, die nach Schmitt ebenfalls ein wichtiger methodischer Bestandteil sind. So wurde eine metaphorische Eigenanalyse durchgeführt, die eine Schärfung des Blickes für metaphorische Ausdrücke zum Ziel hatte und das Übersehen von Metaphern, die in den eigenen Denkmustern dominieren, verhindern sollte (Schmitt 2011, S. 67 f.). Diese Analyse eigener Texte (Fallporträts, Aufsätze, etc.) diente zudem der Reflexion des forschungsbedingten Einbringens von Metaphern (Vgl. Schmitt 2011, S. 72). So wurde auch die Sprache der im Interview gestellten Fragen bei der Analyse berücksichtigt, und nur diejenigen Metaphern für die Analyse ausgewählt, die sich nicht auf eine bereits von der Interviewenden eingeführten Metaphorik bezogen.

Die Datenanalyse wurde damit begonnen, Zielbereiche, das sind diejenigen Aspekte, die bildlich umschrieben werden, zu identifizieren und im Datenmaterial, d. h. den transkribierten Interviews selektiv nach Metaphern, also bildgebenden Ausdrücken zu suchen. Hierzu wurden entlang der Fragestellung und der Idee des theoretischen Samplings (Glaser und Strauss 1998; Vgl. Schmitt 2011, S. 68, 2017, S. 63) Abschnitte ausgewählt, die hohe narrative Anteile enthielten (z. B. die Einstiegserzählung) sowie Abschnitte, die sich mit Themen des Erfolgs, der Güte und des Misserfolgs in der Wissenschaft beschäftigten. Die gefundenen Metaphern wurden mithilfe der Datenanalysesoftware MAXQDA aus dem Text codiert, ausgeschnitten und in einem eigenen Codesystem gesammelt. Die so gesammelte Metaphernauswahl anhand von 24 Fällen und mit 996 Codierungen insgesamt stellt zwar keine repräsentative Auswahl dar, gleichfalls wird aber deutlich, dass einige Metaphern über viele Fälle hinweg und in verschiedenen Variationen besonders häufig auftreten, was sich auch in den anschließend gebildeten metaphorischen Konzepten zeigt und zum Teil als Spezifika des Feldes und seiner Sprache gedeutet werden kann.

Die zunächst lose Sammlung wurde in einem zweiten Schritt sortiert, jedoch zunächst nur differenziert nach Quellbereichen (aus welchen Bereichen werden die sprachlichen Bilder geschöpft?) und nach Zielbereichen (was wird über die bildliche Sprache beschrieben und benannt?). Außerdem wurde die Kategorie der in-vivo-Metapher eingeführt, bei der ein Wort sowohl den Quellbereich wie auch den Zielbereich darstellt; am ehesten kommt diese Kategorie wohl dem „Doppelgänger" nahe, eine Bezeichnung, die den doppelten wörtlichen und metaphorischen Gehalt von Metaphern meint (Schmitt et al. 2018, S. 100). Anschließend wurden die Metaphern weiter inhaltlich, semantisch und logisch sortiert, Unterkategorien gebildet und sukzessive Verknüpfungen zwischen Quell- und Zielbereichen erstellt (Kruse et al. 2011, S. 97 ff.; Schmitt 2017, S. 485 f.).

In einem dritten Schritt wurden die Metaphern außerdem im Sinne eines interpretatorischen Schließens „ausbuchstabiert" (Schmitt 2003, Abs. 50), d. h. abstrahiert und vervollständigt. Die hier gebildeten metaphorischen Konzepte stellen Bilder bzw. im Fortgang Szenarien (Schmitt 2017, S. 71 ff.) dar, die die soziale Realität im Feld der Wissenschaft komplexitätsreduzierend und sinnhaft wiedergeben. Dieser Sinngehalt kann jedoch erst vollständig herausgearbeitet werden, wenn die in den vorhergehenden Schritten herausgearbeitete Metaphorik als solche betrachtet und hinterfragt wird (Vgl. Kruse et al. 2011, S. 101; Schmitt 2011, S. 70 f.). D. h. die metaphorischen Konzepte und Szenarien werden zueinander in Beziehung gesetzt und außerdem an weitere Untersuchungsergebnisse rückgebunden und vor dem Hintergrund dieser interpretiert: „Die Funktionen der Metaphorik sind erst in der Betrachtung der Metaphorik vor dem Hintergrund ihres Gebrauchs zu rekonstruieren." (Schmitt 2017, S. 498)

3   Ergebnisse der Metaphernanalyse

Im Interviewmaterial lässt sich eine breite Vielfalt an Quellbereichen von Metaphern identifizieren. Im Folgenden werden die Zielbereiche, auf welche die metaphorischen Beschreibungen abzielen dargestellt und diejenigen Quellbereiche anhand von Beispielen angeführt, die besonders prägnant erscheinen, d. h. von mehreren Interviewten in der Erzählung aufgegriffen werden und als Grundlage der im weiteren Verlauf vorgestellten Metaphernkonzepte dienen.[2]

Entlang der Zielbereichsanalyse stellt sich Wissenschaft als geschlossen bzw. begrenzt dar, d. h. über *Einstiegs-, Verweil-, Integrations-* und *Ausstiegsmetaphern (reinkommen, eingebunden, eingebettet, hängen bleiben, draußen, raus sein, rausgehen,* etc.) wird ein Drinnen und ein Draußen konstruiert. Die Geschlossenheit von Wissenschaft wird nicht selten mit Metaphern eines *Gehäuses* oder des *Hauses* beschrieben:

- dass diese *Türen* dann *zu* sind, für mich (AS 77)
- sehr viel halt, so, zwischen *Tür und Angel* passiert (CS 555)

---

[2]Zur besseren Nachvollziehbarkeit werden im Folgenden Metaphern und ihre Quellbereiche kursiv gesetzt.

- dass man nicht sich richtig weit aus *dem Fenster* lehnen soll (IN 224)
- das *Innenleben* gut kennt von, dem Fachbereich (HB 66)
- an den *Rand* gedrängt fühlen (FM 376)

Weiterhin scheint sich Wissenschaft in Ebenen und Hierarchien zu strukturieren, die wiederum über *Ordnungs-* und *Familienmetaphern* Abhängigkeiten konstituieren (*über mir, keiner ist unter mir, auf der Ebene*, etc.). Auch werden wissenschaftliche Laufbahnen entlang von *Temporalmetaphern* in Zeitabschnitte unterteilt bzw. stellen sich entlang eines Zeitstrahls dar (*Punkt, Phase, schneller, aufholen, mir voraus*, etc.). Mithilfe dieser und anhand von *Weg-* und *Bewegungsmetaphern* wird Wissenschaft so eine Dynamik attestiert, die sich im Sinne eines Fortschritts bewegt (*weiterentwickeln, vorankommen, weitergehen*, wie *weit* ich schon *gekommen* bin, etc.).

Diese Dynamik und Fortbewegung spiegeln sich u. a. in Metaphern aus dem Quellbereich der *Fahrt* wieder:

- Könnte man das vielleicht ein bisschen mehr *lenken* (CS 543)
- dass man eigentlich immer *zweigleisig fahren* muss (MP 198)
- irgendwie *befördert* wurde oder, *gebremst* wurde (OS 8)

Das individuelle Fortkommen wird dann auch als ein *Weg durch eine Landschaft* verbildlicht:

> Ein *Fluss* mit, so [zeichnet etwas auf, M.K.] und hier, *Gebirge* und hier, ein *Damm* und, viele Hürden und man sieht nicht *wo es hingeht* und, äh, oder es ist schwer zu sehen, und selbst wenn man es sieht irgendwas. Das ist doch immer *weiter* als man denkt. (LB 115)

Bleiben diese Dynamik und ein Fortschreiten bzw. Vorankommen aus, markieren Metaphern des *Stillstands* auch die Gefährdung wissenschaftlicher Laufbahnen (*sich parken, warten, nichts kommt/läuft, auf der Strecke bleiben*, etc.).

Die wissenschaftliche Laufbahn ist an persönliche und berufliche Lern- und Qualifizierungsprozesse gebunden, die zum Teil von hierarchisch höher gestellten Personen angeleitet werden. Diese Charakteristika zeigt sich an der Verwendung von *Schul-, Familien-,* und *Entwicklungsmetaphern*, die aufeinander Bezug nehmen (*Sozialisationsprozess*, dem *Diktat unterwerfen, geschult werden, Lektion, Man-muss-sich-Bewähren*, aus der *richtigen Schule* kommen, *bestehen*, ein *Übersich-Wachsen/Wachsen an den Aufgaben, Lobe-Instanz, Netzwerke knüpfen*, etc.).

Das Verhältnis innerhalb dieser Hierarchien, die sich in erster Linie entlang der Konzepte *Mentor* und *Nachwuchs* aufmachen lassen, wird v. a. mit Metaphern aus dem Quellbereich der *Familie* und des *Aufwachsens* thematisiert:

- dann, wird man in bestimmte Dinge *reingeboren* (PT 224)
- mein intellektueller *Ziehvater* [...] der hatte relativ viele seiner, ähm, *Zöglinge, Schützlinge* da irgendwie organisiert (BW 59)
- wir da ja kein *Pampern* hatten [...] dass mich jetzt irgendwie, jemand dauernd *an die Hand nimmt* [...] von Anfang an musst du für dich selber *sorgen* (WG 53, 63)
- wird halt immer so ein bisschen *stiefmütterlich* behandelt (HB 102)
- also das Allerwichtigste, ist immer, die *Beziehung,* zum *Doktorvater* oder zum *Habilvater* (VD 120)

Die konkrete wissenschaftliche Praxis, d. h. die wissenschaftliche Arbeit wird entlang dieser Lernprozesse dann auch mit Metaphern des *Handwerks* oder der *Kunst* beschrieben (etwas *hin zimmern* oder *zusammenschustern, aufbohren, austüfteln, vorsingen, virtuos, performen*). Diese Prozesse sind zudem zielgerichtet, denn um in der Wissenschaft bleiben zu können muss schlussendlich mit dem geleisteten Einsatz das Ziel (i. d. R. die Professur) erreicht werden: hierfür stehen Metaphern der *Ökonomie*, des *Spiels* und des *Kampfes*. So lassen sich zahlreiche Metaphern des *Kampfes* und der *Gewalt* am Material festmachen:

- wenn man, als *Einzelkämpferin* irgendwie immer wieder versuchen muss (DT 228)
- mit allen *Waffen, gekämpft* wird (KM 102)
- habe ich mich, ähm, sehr gut *geschlagen* (WG 81)
- die Fragen zu (.) *in Angriff* zu nehmen (RB 257)
- kontinuierlich *ins Messer laufen* lassen [...] und, darf sich nicht zu viele *Feinde* machen (UMM 86, 320)
- jedes Mal so ein, *Schlag ins Gesicht* eigentlich (CS 289)

Diese stehen dann auch in der Verbindung mit Metaphern des *Leids* und des *Schmerzes,* die sich bis zu Bildern des *Todes* und des *Überlebens* erstrecken:

- das hat irgendwie *wehgetan* (BW 106)
- eher kleinteilige (.) *tut-keinem-weh*-Forschung, betreibst (DT 246)
- das ist, *tödlich* (LB 277)

- sondern diejenigen, die am längsten *durchhalten* (CS 316)
- Man, wird auch *härter,* wenn man es *überlebt* (IN 130)

In diesem Zusammenhang, aber auch darüber hinaus, sind Metaphern der *Hexis,* also des Körpers und seiner Erscheinung prävalent:

- und ich hatte ganz arge *Bauchschmerzen* damit (ZM 57)
- mit meinem vollen *Herzblut* (ES 245)
- wenn du sozusagen niemandem *auf die Füße trittst* (DT 246)
- Also immer eben, *Ellenbogen* kamen (LB 301)
- quasi Co-Autorenschaften auf *Augenhöhe* (HB 104)
- fällt dir das nicht auf den *Kopf* (VD 164)

Dass Wissenschaft ein Ort des Einsatzes ist, in dem es eine Dynamik und eine Konkurrenzsituation gibt, wurde bereits erwähnt. Diese stellt sich bildlich mit *Spiel-* und *Wirtschaftsmetaphern* dar. So betonen die Metaphern aus dem Bereich der *Ökonomie* vor allem das Verhältnis geleisteter Arbeit und erwartetem oder erhaltenem Ertrag sowie die Frage nach strategischem Verhalten, das teilweise als unvereinbar mit einer wissenschaftlichen Logik empfunden wird:

- jetzt habe ich da schon so viel *rein investiert* (RB 80)
- eine *Vermarktung* (.) sozusagen der eigenen Themen (...) und in diesem *Vermarktungsgeschäft* gut zu sein (MP 290)
- Artikel und so, *produziert* habe (WG 81)
- also ich habe mich *teuer verkauft* (UMM 108)
- wie dieses, *Business* läuft (JH 323)
- meinem, *Output* als Wissenschaftler (OS 106)
- also da ist man reiner *Preisnehmer* [...] war ich so ein bisschen im, *Wettbewerbsnachteil* (HB 60, 84)

Ein Unterbereich dieses Quellbereichs ist die *Landwirtschaft,* die zudem das Verhältnis von Arbeit und Zeit beschreibt *(Ernte einfahren, beackern, hochgezüchtet, Blumen pflanzen),* aber auch von Abhängigkeiten *(feudales System, Feudalherren).* Wissenschaft übt in diesem Sinne Druck auf Wissenschaftlerinnen und Wissenschaftler aus, der sich in *physikalischen* und *ökonomischen* Metaphern zeigt *(Energie, gepusht, Druck, Reibungsverluste, Kraft,* sich/seine Themen *verkaufen, Kapital* sammeln, *Output,* etc.).

Während mit Metaphern des *Kampfes* und der *Gewalt,* des *Leids* und *Schmerzes* sowie der *Leiblichkeit* die hohe Konkurrenzsituation und der eigene Einsatz beschrieben werden, verweisen in-vivo-Metaphern wie *Glück, Pech* und *Zufall* auf die unsicheren und nur bedingt kontrollierbaren Aussichten auf Erfolg und Misserfolg in der Wissenschaft: *da ist (.) einfach auch viel Zufall, im Spiel* (OS 114). Mit der Metaphorik des Spiels werden dann aber auch implizite und explizite Regeln und Absprachen thematisiert:

- orientiere mich an den *Spielregeln* (OS 142)
- so ein gegeneinander *Ausspielen* (SP 110)
- der, sagte, das war *abgekartet* (UMM 108)
- und so *gewinnt* man halt (LB 291)

Während diese Quellbereiche im Großen und Ganzen konventionell erscheinen, da sie sich auch im allgemeinen, nicht wissenschaftsbezogenen Sprachgebrauch finden lassen, ließen sich auch Quellbereiche identifizieren, die spezifischer wirkten. Hierzu gehören zum Beispiel Metaphern, die sich auf die *See* und die *Seefahrt* beziehen:

- wenn das irgendwann völlig *aus dem Ruder läuft* (YSH 254)
- hier dann wirklich auch endlich, äh, *vor Anker gehen* kann (HB 116)
- Die waren, äh, *stürmische,* Zeiten eigentlich. [...] man muss *ins kalte Wasser springen* (IN 122, 126)
- Jobs wie *Sand am Meer* (SP 266)
- um auch nicht *unterzugehen* (MP 284)

Ein weiterer prägnanter Quellbereich ist der der *Religion,* der Wissenschaft ähnlich wie der Quellbereich *Märchen* in einem mystischen und gleichermaßen schicksalsbehafteten Licht darstellt:

- ihre eigene Leistung eher *unter den Scheffel stellen* (FM 184)
- wahrscheinlich im Nachhinein war es auch ein *Segen* [...] was mir immer wieder auffällt wie *begnadet* (BW 32, 142)
- und ich den irgendwie so *vergöttert* habe [...] dann aber hat sich, wie gesagt, diese *Schicksalsfügung* (VD 22, 36)
- dass man (.) die nächste *Berufung* irgendwann (.) hat [...] wenn man (.) eben den Misserfolg (.) *beweihräuchert* (MP 280)

Wie bereits angedeutet, lassen sich viele weitere Quellbereiche identifizieren. Hierzu gehören sowohl Quellbereiche des alltäglichen Sprachgebrauchs, die

Bilder aus der *Tierwelt*, der *Nahrungsaufnahme* oder des *Wetters* bedienen, aber auch Quellbereiche wie den *Sport*, die sich weiter ausdifferenzieren und mit anderen Quellbereichen verknüpft sind, wie der sportliche *Wettkampf*.[3]

4   Metaphernkonzepte

Wenn man nun in einem nächsten Schritt Quell- und Zielbereiche, die aufeinander Bezug nehmen, miteinander verbindet, lassen sich metaphorische Konzepte bilden.

Zielbereich	+	**Quellbereich**	⟶	**Metaphernkonzept**
Geschlossenheit der Wissenschaft		Haus		Das verschlossene/ bewachte Haus

Bildung von Metaphernkonzepten; eigene Darstellung

So lässt sich die Geschlossenheit der Wissenschaft (Zielbereich) mit dem Quellbereich des Hauses verbinden und zum metaphorischen Konzept des *verschlossenen* oder *bewachten Hauses* ausarbeiten. Für die Frage nach Erfolg und Scheitern wissenschaftlicher Laufbahnen lässt sich im Rahmen dieses Konzeptes schließen, dass es nicht ausreicht, nur einen *Fuß in die Tür* zu bekommen, sondern dass auch das *Verweilen* im Haus und sich dort *Einrichten* zum wesentlichen Bestandteil erfolgreicher wissenschaftlicher Laufbahnen gehört. Verknüpft mit Ordnungsmetaphern kann das Haus außerdem als *mehrstöckig* beschrieben werden, wobei die wissenschaftliche Laufbahn im Sinne einer Karriere stufenweise vom Erdgeschoss aus bis zum Dachgeschoss als höchster Punkt zu absolvieren ist. Das Haus zu *verlassen* oder sich *zu weit aus dem Fenster zu lehnen* stellt demnach ein Risiko für die wissenschaftliche Laufbahn dar, da man riskiert,

---

[3]Idealtypisch für den Quellbereich des Sports steht wohl der Laufbahnbegriff, mit welchem auch hier operiert wird. Dieser grenzt sich ab von dem Begriff der Karriere, die als hierarchische Leiter aufeinander aufbauender Stufen verstanden wird und wissenschaftliche Werdegänge so voraussetzungsvoll als Aufstieg konzipiert. Auch wenn wissenschaftliche Werdegänge i. d. R. mit dem Erreichen aufeinander aufbauender Qualifikationen einhergehen, stellt das Erreichen der höchsten Position mitnichten die Regel dar. Der Laufbahnbegriff ist folglich inklusiver, da er auch all jene wissenschaftlichen Werdegänge miteinschließt, die durch einen Verbleib in der Wissenschaft abseits der Lebenszeitprofessur gekennzeichnet sind.

anschließend vor *verschlossenen Türen* zu stehen. Schließlich spiegelt ein *vor die Tür gesetzt werden* den endgültigen Ausschluss aus der Wissenschaft wider und ist somit der Inbegriff des Scheiterns wissenschaftlicher Laufbahnen, nicht zuletzt, weil es das Verlassen des gesamten Feldes bedeuten können.

Auch mit den Zielbereichen der Dynamik und des Fortschritts und den *Weg-* und *Fortbewegungsmetaphern* kann so verfahren werden. Herausarbeiten lässt sich so das metaphorische Konzept der wissenschaftlichen Laufbahn als *Reise,* das im empirischen Material als solches bereits vorkommt und schon von Descartes als konzeptuelle Metapher der Wissenschaft eingeführt wurde (Vgl. Jäkel 2003, S. 234 ff.). So wird sowohl die Promotionszeit als auch das Pendeln zwischen Wohn- und Arbeitsort metaphorisch als *Reise* beschrieben. Für wissenschaftliche Laufbahnen lässt sich daraus schließen, dass es seine Zeit braucht, bis man *sicher ankommt* und dass der Weg dorthin durchaus *beschwerlich,* aber auch *erfahrungsreich* sein kann. Eine erfolgreiche *Reise* resultiert dann aber mit einem *Ankommen* und markiert damit auch ein Ende des *Vorwärtsgehens,* wobei sich diese *Reise* sowohl auf die Wanderung durch Institutionen als auch auf eine kognitive Entwicklung im Sinne eines Forschungsprogramms beziehen kann. Ein *sich Verlieren* und *nicht Vorwärtskommen* oder aber *Aufgehalten werden* kann hingegen das Scheitern wissenschaftlicher Laufbahnen indizieren.[4]

5   Metaphernszenarien

An Schmitt anschließend, sollen diese Konzepte eine Abstraktionsstufe höher getragen werden, d. h. zu metaphorischen Szenarien als eine Art Gewebe sowohl zueinander anschlussfähiger wie disparater Konzepte verdichtet werden (Vgl. Schmitt 2017, S. 72). In diesem Schritt werden diejenigen metaphorischen Wendungen miteinander verknüpft, die in mehrere metaphorische Konzepte passen und so verschiedene Quell- und Zielbereiche miteinander vermischt und aufeinander rückprojiziert (Vgl. Schmitt 2017, S. 72 f., 372; Schmitt et al. 2018, S. 105).

---

[4]Diese Entschleunigung der permanenten Fortbewegung bis hin zum Stillstand stellt paradoxerweise sowohl ein Risiko wissenschaftlicher Laufbahnen dar als auch das Ziel dieser, was sich nicht nur in der Metaphorik des *Ankommens,* sondern auch des *Sitzens auf dem Lehrstuhl* ausdrückt.

Bildung metaphorischer Szenarien; eigene Darstellung

So lässt sich das bereits gebildete Konzept der Reise als Oberkonzept mit unterschiedlichen Quellbereichen verknüpfen und so ausdifferenzieren.

Unter Hinzunahme der Quellbereiche *Landschaft* und der in-vivo-Metapher *Sicht* kann das metaphorische Szenario der *Wanderung* entwickelt werden, die die wissenschaftliche Laufbahn als einen stetigen Fortschritt begreift, der sich auch in einem *Auf und Ab* zwischen *Bergen, Tälern* und *Wäldern*, d. h. sowohl in horizontalen als auch in vertikalen Bewegungen prozesshaft zeigt. Das *Erklimmen von Bergen* ist dabei eine wichtige Eigenschaft für eine erfolgreiche Laufbahn, da man einerseits einen Überblick über das Geschehen (*Orientierung* bzw. *Sicht*) gewinnt, andererseits selbst für andere sichtbar wird *(Sichtbarkeit)*. Wer es jedoch nicht schafft, *Flüsse zu überspringen,* den *Wald vor lauter Bäumen* nicht sieht oder die *Orientierung* verliert, hat es schwer, den Weg zu Ende zu gehen und *sicher ans Ziel* zu gelangen.

Im weiteren Vorgehen können Zielbereiche hinzugefügt werden, die wiederum mit verschiedenen Quellbereichen in der Empirie in Verbindung stehen, sodass sich sinnhafte metaphorische Szenarien ergeben.

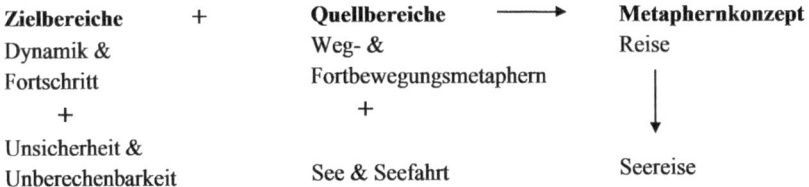

Bildung metaphorischer Szenarien; eigene Darstellung

Über die Verbindung des Oberkonzepts der *Reise* mit dem Quellbereich der *See* und *Seefahrt,* der wiederum auf den Zielbereich der *Unsicherheit* und *Unberechenbarkeit* rekurriert, lässt sich das metaphorische Szenario der *Seereise* herausarbeiten: Wissenschaft ist eine *lange, unsichere* und nur teilweise *steuerbare Reise über See* auf einem *wankenden Schiff.* Hierbei erlebt man sowohl *stürmische Zeiten* wie auch Zeiten der *Flaute.* Herausforderungen werden durch den *Sprung ins kalte Wasser* versinnbildlicht, Kooperationen und der Aufbau von Netzwerken hingegen durch das Bild *andere ins Boot zu holen,* wobei es vorkommen kann, dass man seinen Platz am *Ruder* verteidigen muss. Die *Steuerung* dieser *Fahrt* und das Ankommen in einem *sicheren Hafen,* um dort *vor Anker zu gehen* transportieren hier das Erfolgsbild, während das Scheitern der wissenschaftlichen Laufbahn über das *Kentern* und den *Schiffsbruch* visualisiert werden. Weiterhin wird der Quellbereich der *See* in den Interviews auch herangezogen, um den Eintritt in die Wissenschaft mithilfe eines *Sogs* zu beschreiben, in welchen man *reinrutscht, reinschlittert, reingezogen* wird oder aber auch *zu tief reingerät* und *untergeht.*[5]

Die Zielbereiche des Ein- und Austritts sowie der Dynamik und des Fortschritts lassen sich unter Hinzunahme von Metaphern der *Fahrt* auch zum Konzept der *Zugfahrt* verbinden, in die man ein- und wieder aussteigen kann. Im Sinne der Herstellung von Kohärenz der wissenschaftlichen Laufbahn gilt es außerdem, auf den *Schienen* zu bleiben bzw. einen *Track zu verfolgen* sowie im Zweifelsfall *zweigleisig* zu fahren oder aber rechtzeitig vom Zug *abzuspringen.* Hindernisse innerhalb der wissenschaftliche Laufbahn, die einen *ausbremsen,* werden versinnbildlicht durch *Schranken* und *Baustellen,* sich eröffnende Optionen, durch die man *Fahrt aufnimmt* hingegen durch *Weichenstellungen.*

Eine Grundmetapher, die in verschiedenen Zusammenhängen eingebracht wird und sehr dominant ist in der Sprache der Interviews, ist die des *Kampfes.*[6] In der Verbindung mit weiteren Quellbereichen lassen sich so auch verschiedene „*Kampfarenen*" bzw. Szenarien des *Kampfes* entwickeln. Vorgestellt werden soll hier das metaphorische Szenario des *Krieges,* das die folgenden Ziel- und Quellbereiche miteinander verbindet und aufeinander rückbezieht:

---

[5]Die Metaphorik des runterziehenden Wassers und des weiten Meeres, auf dem man ausgesetzt ist, wie auch die Metapher eines langen, beschwerlichen Weges finden sich interessanterweise auch zu Studien über Depressionen (Vgl. Barkfelt 2003 in Schmitt 2017, S. 345f.).

[6]Auch dieses Metaphernkonzept findet sich bereits in älteren Schriften der Wissenschaftstheorie von Popper und Kuhn mit einem epistemischen Bezug, d. h. als Kampf oder Glaubenskrieg der Ideen oder Theorien (Vgl. Jäkel 2003).

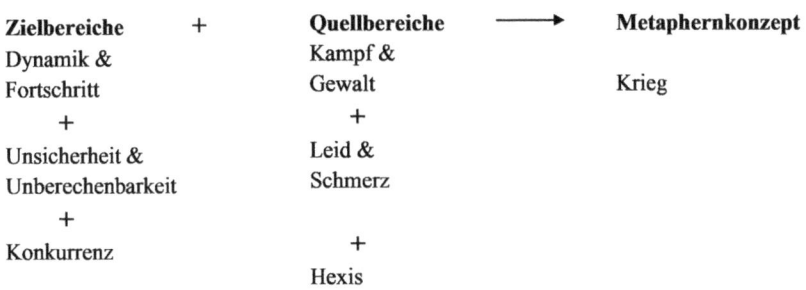

Bildung metaphorischer Szenarien; eigene Darstellung

Das wissenschaftliche Feld als Austragungsort der wissenschaftlichen Praxis wird hier zum *Kriegsfeld*, das von den wissenschaftlichen Akteuren nicht nur die Kenntnis und das Einsetzen der eigenen *Waffen*, sondern auch einen *Modus in Lauerstellung* erfordert. Wissenschaft im Bilde des *kriegerischen Kampfes* bedeutet *Angriff* und *Verteidigung* (wie zum Beispiel der Dissertation oder gegen wissenschaftliche *Feinde*), *Gewalt* und *Schmerz* und ist nicht zuletzt eine Frage des *Überlebens*. Die Behauptung innerhalb dieses Kampfes bedeutet nicht weniger als das symbolische *Überleben*. Das erfolgreiche wissenschaftliche Subjekt wird so als *unter vollem Einsatz kämpfend, stark, schmerzresistent* und *leidensfähig* konstruiert, während das *aufgebende* oder das *besiegte* wissenschaftliche Subjekt durch *Schwäche* und *mangelnden Waffeneinsatz unterlegen* versinnbildlicht wird und letztlich durch den symbolischen *Tod* aus dem Feld ausgeschlossen wird.[7] Während die Kriegsszenerie zwar auch *diplomatisches Geschick* erfordert, werden Friedfertigkeit und Solidarität jedoch letztlich zum Hindernis.

Diese Auseinandersetzung innerhalb der Wissenschaft findet auch einen „weicheren" und gewaltfreien Ausdruck in der Metaphorik des *Spiels*. Wie bereits dargelegt, bezieht sich diese einerseits auf die Unberechenbarkeit des *Spiels,* andererseits auf das Einhalten fester *Regeln* und informeller, *abgekarteter* Absprachen. In der Verbindung des Quellbereichs des Spiels und den in-vivo-Metaphern Glück, Pech und Zufall mit dem Zielbereich der Unsicherheit und Unberechenbarkeit lässt sich das

---

[7]Siehe hierzu auch die Studie von Franz (2018) über Promotionsabbrüche als symbolischer Tod in der Wissenschaft: „Der symbolische Tod wird jedoch erst durch den tatsächlichen Abbruch besiegelt, da die Verleihung des Doktortitels als Akt der Anerkennung als Grundvoraussetzung für das (weitere) Mitspielen um Anerkennung, d. h. für das symbolische Leben, im wissenschaftlichen Feld gilt. Wird der Doktortitel nicht erreicht, ist dies aus Sicht der Autorin mit dem Entzug der Daseinsberechtigung, d. h. dem symbolischen Tod im wissenschaftlichen Feld, gleichzusetzen." (ebd., S. 390)

metaphorische Szenario des *Glücksspiels* herausarbeiten, wie es bereits Weber 1919 mit dem Begriff *Hazard* (1992) eingeführt hat. Entlang der Metaphorik des Glücksspiels, die sich wahlweise als *Lotto-* oder als *Würfelspiel* zeigt, finden Erfolg und Scheitern zufallsbedingt statt. Ob es sich auszahlt, alles *auf eine Karte zu setzen* und der *Jackpot* so geknackt wird, ist mehr als ungewiss: „also man kann auch gute Anträge schreiben und trotzdem hat man halt leider *Pech*, weil halt zwanzig andere Leute auch einen guten Antrag geschrieben haben" (TH 286). *Zufall, Pech* und *Glück* werden so zu festen Bestandteilen wissenschaftlicher Laufbahnen, die den beruflichen Erfolg oder Misserfolg zumindest in Teilen von den wissenschaftlichen Leistungen entkoppeln.

Im empirischen Material wird die Spielmetaphorik nicht selten von einer religiösen, schicksalhaften Metaphorik begleitet: „Das ist dann so was wie beim-, was mir immer wieder auffällt wie *begnadet* oder wie viel *Glück* ich denn dann doch hatte mit genau dieser Art irgendwie, weiterzukommen, bislang." (BW 142) Hier zeigt sich die Ambivalenz zwischen wissenschaftlicher Begabung und Befähigung auf der einen und der Unberechenbarkeit des wissenschaftlichen Erfolgs und der Entlohnung des Einsatzes auf der anderen Seite.

Schließlich soll noch auf die Metaphorik des *Nachwuchsbegriffs* eingegangen werden, die nicht nur im Interviewmaterial, sondern in allen Bereichen der Wissenschaft zum festen Vokabular gehört. Die Kritik an dieser Metaphorik lässt sich insbesondere dann nachvollziehen, wenn man diese gewissermaßen metaphernanalytisch „von hinten aufrollt". Dem Begriff des *wissenschaftlichen Nachwuchses* liegt das metaphorische Szenario des *Auf- und Heranwachsens* im wissenschaftlichen Feld zugrunde. Dieser Prozess wird in der soziologischen Fachsprache auch mit dem Konzept der *Sozialisation,* mit Bourdieu kann auch von einer Feldsozialisation gesprochen werden, beschrieben. Hierbei greifen die Zielbereiche des Fortschritts, der Lern- und Qualifizierungsprozesse, der Geschlossenheit und der Hierarchien ineinander mit familialen *Fürsorge-, Schul-* und *Entwicklungsmetaphern* und konstruieren so das Bild *infantilisierter* bzw. *aufwachsender* junger Wissenschaftlerinnen und Wissenschaftler. Dabei erfahren diese nicht nur während der einzelnen Qualifizierungsphasen, in denen man sich noch *austoben* darf, *Hilfestellung* und werden *unter die Fittiche* von hierarchisch höher gestellten *Mentorinnen* und *Mentoren* genommen, sondern bereits die Erlaubnis durch den *Doktorvater* oder die *Doktormutter,* bei diesen zu promovieren, ist im Sinne eines *Reingeboren* Werdens Bedingung für den Feldeintritt einerseits sowie eine *Auszeichnung* andererseits. Bleibt das *Umsorgen* aus und kann sich in keinen Forschungs- und Netzwerkkontext *eingebettet* werden, nehmen sich die jungen Wissenschaftler und Wissenschaftlerinnen als *auf sich selbst gestellt* wahr und die wissenschaftlichen Kolleginnen und Kollegen gewinnen als *Peers* für die eigene *Entwicklung* an Bedeutung.

6 Diskussion

Wenn sich auch konstatieren lässt, dass die von Wissenschaftlern und Wissenschaftlerinnen genutzte Sprache durchaus bildreich und nicht etwa karg und nüchtern ist, so stellt die präsentierte Metaphorik jedoch in weiten Teilen keinen unüblichen Sprachgebrauch dar und lässt sich auch im Alltag außerhalb des wissenschaftlichen Feldes finden. Insbesondere die Metaphern des Weges und Behältermetaphern wie die des Hauses stellen universelle kulturelle Metaphern dar (Schmitt 2017, S. 494; Vgl. Jäkel 2003). Soziologisch interessant wird es also erst dann, wenn die geäußerten Metaphern Spezifika des Feldes und der dortigen Praxis beschreiben. Hierbei fallen neben der horizontalen und vertikalen Dynamik und ihrer Entwicklungsmetaphern die zahlreichen Kampf-, Gewalt- und Schmerzmetaphern auf, die den Einsatz des vollen Subjekts in der Wissenschaft versinnbildlichen und für die Spezifika einer hochsubjektivierten Arbeitsform in Wissenskulturen stehen. Deutlich wird hier, dass wissenschaftliche Wissensarbeit nicht nur als Erwerbsarbeit, sondern als Lebensführung und Identitätsprojekt ausgeübt wird und somit die gesamte Person einnimmt. Die gemachten Erfahrungen schreiben sich dann in den Körper ein, hierfür stehen auch die Metaphern der Hexis, und drücken sich als körperliche Empfindungen, sei es als Lust, Geschmack oder Schmerz, auch in der Sprache aus. Gleichzeitig wird mit der Gewalt- und Leidmetaphorik auch eine „Grenze des Ertragbaren" transportiert, die besonders dort zum Ausdruck kommt, wo es um Konflikte und Machtasymmetrien sowie um ein starkes Unsicherheitsempfinden auch im Sinne von Existenzsicherung geht.

Im vorliegenden Datenmaterial wurde eine Vielzahl prägnanter Metaphern vorgefunden, die in fast jedem Interview sowie im alltäglichen wissenschaftlichen Diskurs auftauchen und als Bestandteile der *Doxa* im Feld (Bourdieu 1982) gesehen werden können. Diese Metaphern(konzepte und -szenarien), die einer überschaubaren Anzahl von Ursprungsbereichen entstammen, konstruieren die spezifische Feldlogik und halten den Bestand des Feldes praktisch und diskursiv aufrecht. Im Gegenzug gibt es metaphorische wie nicht-metaphorische Ausdrücke und Begriffe, die zwar in der Realität des Feldes als soziale Tatbestände manifest sind, jedoch in den Interviews nicht zur Sprache kommen. Als Beispiel hierfür kann der Akteursstatus des *Privatgelehrten* oder der *Privatdozentin* genannt werden. Während diese Bezeichnung Personen meint, die im Rahmen der Habilitation die Lehrbefugnis *(venia legendi)* für ihr Fach erhalten haben und ähnlich wie Lehrbeauftragte i. d. R. ohne festes Dienst- oder Arbeitsverhältnis an der Hochschule unentgeltliche Titellehre leisten, findet weder die Bezeichnung noch eine metaphorische Umschreibung in den Daten Niederschlag und das obwohl diese Gruppe im Jahr 2016 mit immerhin 6609 Personen erfasst wird (inklusive apl. Professuren; Statistisches Bundesamt 2017, S. 37). Inwiefern drückt sich in diesem hoch qualifizierten, aber oftmals prekären und gerade nicht von der wissenschaftlichen Erwerbsarbeit lebenden Gruppenstatus, der eine Alternative zum Austritt aus dem wissenschaftlichen Feld bei ausbleibender Berufung darstellt, das „Undenkbare" aus? Eine Interpretation dieser sprachlichen Lücke kann hier nicht abschließend vorgenommen werden. Auffallend ist jedoch, dass auch andere Aspekte wie wissenschaftliches Fehlverhalten und ethische Verstöße nur sehr selten bis gar nicht thematisiert werden. Kritisch beleuchtet und in der Metaphorik zum Ausdruck kommen hingegen Aspekte der ausbleibenden Anerkennung wissenschaftlicher Leistungen, Einflüsse „von außen" auf das Feld der Wissenschaft (wie eine ökonomische Verwertungslogik und die Umstellung von Qualität auf Quantität) sowie die unsicheren und wenigen Beschäftigungsperspektiven; wissenschaftliches Fehlverhalten, das konträr zu wissenschaftlicher Güte steht, bleibt jedoch weitgehend außen vor.

Vor diesem Hintergrund kann direkt angeknüpft werden an die eingangs gestellte Frage, wie sich Erfolg und Scheitern in der Wissenschaft darstellen. Interessanterweise bezieht sich dann Scheitern lediglich auf das nicht erfolgte Besetzen von Positionen. Zutage tritt eine unausgesprochene Haltung, bei der Wissenschaftler und Wissenschaftlerinnen nicht nur eine hoch qualifizierte, sondern auch eine gute Arbeit leistende Grundgesamtheit darstellen. Scheitern wird dabei gerade nicht als Teil einer *conditio humana* (Vgl. Junge und Lechner 2004) explizit oder implizit an ungenügende wissenschaftliche Leistungen oder wissenschaftliches Fehlverhalten geknüpft, sondern ausschließlich an ungünstige Rahmenbedingungen oder unrealistische Anforderungen, die Handlungsunfähigkeit herstellen und zudem aus einer fremden, oktroyierten Logik heraus resultieren. In der Folge stellen auch Erfolg und Güte zwei relativ voneinander entkoppelte Konzepte in den Daten dar, die sich bei der Wahrnehmung der Interviewten in einer Einschränkung guter, d. h. origineller und kreativer, wissenschaftlicher Arbeit zugunsten des wissenschaftlichen Erfolgs niederschlagen, z. B. indem mehrere Aufsätze statt ein Buch geschrieben werden oder in Projektanträgen Ergebnisse prognostiziert werden, die nicht prognostizierbar sind. Für diese Befunde lassen sich verschiedene Interpretationsangebote unterbreiten, die hier nur angerissen werden können.

Dass Erfolg und Güte in der Theorie nur manchmal korrelieren, z. B. bei großen, besonders originellen Werken oder zufälligen Entdeckungen, nimmt die Verantwortung des oder der Einzelnen bei ausbleibendem Erfolg zurück. Die Entkopplung dieser Konzepte stellt in dieser Lesart gewissermaßen eine *apriorische Entlastungsstrategie* im Rahmen hochsubjektivierter Wissensarbeit dar, die noch vor Eintritt des Ereignisses, also dem ausbleibenden Erfolg bzw. dem Scheitern, dieses Ereignis von den eigenen Leistungen, den eigenen Kompetenzen und schließlich der eigenen wissenschaftlichen Identität so weit wie möglich loslöst. Diese Entlastungsstrategie kann als konventionalisierte Sinnstruktur (Vgl. Kruse et al. 2011, S. 75 f.) des Feldes verstanden werden.

Gleichfalls wird so indirekt die Frage nach der *Gerechtigkeit* wissenschaftlicher (Miss-)Erfolge aufgeworfen, zugespitzt formuliert als: Wird weniger gute Wissenschaft in diesem System belohnt und werden gute Wissenschaftlerinnen und Wissenschaftler aus dem System gedrängt?

Auch die geringe *Agency,* die über viele Metaphern aus unterschiedlichen Quellbereichen transportiert wird, ist in diesem Zusammenhang zu betrachten. Ein geringer eigener Einfluss auf die eigene Laufbahn bzw. deren Endgestalt, eine nach wie vor große Abhängigkeit personeller Einbindungen sowie die zufallsartig wahrgenommene Verteilung von Opportunitäten machen Erfolg zu *Glück* und Scheitern zu *Pech.* Diese spezifische Erfolgskonzeption steht in Opposition zu allgemeinen Vorstellungen über Erfolg: „Erfolg meint dann: Die Sache ist wie geplant gelaufen. Anders: Ich hatte die Kontrolle über die Ereignisse. Nochmals anders: Es war meine Leistung, die den Erfolg herbeiführte." (Junge 2016, o. S.)

Gewissermaßen hinten runter fällt bei diesen diskursiv zum Ausdruck kommenden Sinnkonstruktionen außerdem, dass der ständige Einsatz wissenschaftlicher Arbeit und das Erbringen wissenschaftlicher, anerkannter Leistung eine Grundvoraussetzung für den Verbleib im wissenschaftlichen Feld darstellen und falsche oder nicht nachvollziehbare Erkenntnisse durchaus über das wissenschaftsinterne Evaluationssystem der Kritik gar nicht erst anerkannt bzw. aussortiert werden. Dieser blinde Fleck ist deshalb problematisch, weil er das Prinzip der Meritokratie im Feld infrage stellt. Dies mag den einen oder die andere kaum überraschen, jedoch stellt sich die daran anschließende Frage, wie dieses Prinzip nach außen die Glaubwürdigkeit wissenschaftlicher Erkenntnisse absichern soll, wenn es schon nicht nach innen im Sinne einer *illusio* (Bourdieu 1991), an die alle Beteiligten glauben, wirkt?

Literatur

Bernhard, Stefan/Schmidt-Wellenburg, Christian (Hrsg.) (2012): Feldanalyse als Forschungsprogramm 1 und 2. Wiesbaden: Springer VS.
Bourdieu, Pierre (1974): Zur Soziologie der symbolischen Formen. Frankfurt a. M.: Suhrkamp.
Bourdieu, Pierre (1976): Entwurf einer Theorie der Praxis. Frankfurt a. M.: Suhrkamp.

Bourdieu, Pierre (1982): Die feinen Unterschiede. Kritik der gesellschaftlichen Urteilskraft. Frankfurt a. M.: Suhrkamp.

Bourdieu, Pierre (1987): Sozialer Sinn. Kritik der theoretischen Vernunft. Frankfurt a. M.: Suhrkamp.

Bourdieu, Pierre (1991): The Peculiar History of Scientific Reason. Sociological Forum, 6 (1), S. 3–26.

Bourdieu, Pierre (1992): Homo academicus. Frankfurt a. M.: Suhrkamp.

Bourdieu, Pierre (1998): Praktische Vernunft. Zur Theorie des Handelns. Frankfurt a. M.: Suhrkamp.

Franz, Anja (2018): Symbolischer Tod im wissenschaftlichen Feld. Wiesbaden: Springer VS.

Glaser, Barney/Strauss, Anselm (1971): Status Passage. New York: Aldine.

Jäkel, Olaf (2003): Wie Metaphern Wissen schaffen. Die kognitive Metapherntheorie und ihre Anwendung in Modell-Analysen der Diskursbereiche Geistestätigkeit, Wirtschaft, Wissenschaft und Religion. Hamburg: Dr. Kovač.

Johnson, Mark (1987): The body in the mind. The bodily basis of meaning, imagination, and reason. Chicago: The University of Chicago Press.

Junge, Matthias (Hrsg.) (2010): Metaphern in Wissenskulturen. Wiesbaden: Springer VS.

Junge, Matthias (2013): „Alle brauchen einen Plan B". Der Rostocker Wissenschaftler Matthias Junge, 53, über die Mechanismen des Scheiterns – am Beispiel von Christian Wulff und Uli Hoeneß. Der Spiegel, 20/2013, S. 122–123.

Junge, Matthias (2016): Scheitern in der Erfolgskultur, Vortrag am 08.06.2016, Technische Universität Dresden. Abstract abrufbar unter: https://tu-dresden.de/gsw/phil/iso/ressourcen/dateien/aktuelles/2016/insitutskolloquium-sose-2016?lang=de, abgerufen am 15.10.2018.

Junge, Matthias/Lechner, Götz (2004): Scheitern als Erfahrung und Konzept. Zur Einführung. In: Ders. (Hrsg.): Scheitern. Aspekte eines sozialen Phänomens. Wiesbaden: Springer VS, S. 7–13.

Kruse, Jan/Biesel, Kay/Schmieder, Christian (2011): Metaphernanalyse. Ein rekonstruktiver Ansatz. Wiesbaden: VS.

Lakoff, George (1987): Women, fire and dangerous things. What categories reveal about the mind. Chicago: The University of Chicago Press.

Lakoff, George/Johnson, Mark (1980): Metaphors we live by. Chicago: The University of Chicago Press.

Lakoff, George/Johnson, Mark (1999): Philosophy in the flesh: The embodied mind and its challenge to western thought. New York: Basic Books.

Levy, René (1991): Status passages as critical life course transitions. A theoretical sketch. In: Heinz, Walter R. (Hrsg.): Theoretical Advances in Life Course Research. Weinheim: Deutscher Studienverlag, S. 87–114.

Rosenthal, Gabriele (1995): Erlebte und erzählte Lebensgeschichte. Gestalt und Struktur biographischer Selbstbeschreibungen. Frankfurt a. M.: Campus.

Rosenthal, Gabriele (2005): Interpretative Sozialforschung, aktualisierte und ergänzte 3. Aufl. Weinheim und München: Juventa.

Schmitt, Rudolf (2003): Methode und Subjektivität in der Systematischen Metaphernanalyse. Forum Qualitative Sozialforschung, 4 (2), Art. 41.

Schmitt, Rudolf (2011): Systematische Metaphernanalyse als qualitative sozialwissenschaftliche Forschungsmethode. metaphorik.de, 21/2011.

Schmitt, Rudolf (2017): Systematische Metaphernanalyse als Methode der qualitativen Sozialforschung. Wiesbaden: Springer VS.

Schmitt, Rudolf/Schröder, Julia/Pfaller, Larissa (2018): Systematische Metaphernanalyse. Eine Einführung. Wiesbaden: Springer VS.

Statistisches Bundesamt (2017): Bildung und Kultur. Personal an Hochschulen Fachserie 11, Reihe 4.4, 2016.

Strauss, Anselm (1998): Grundlagen qualitativer Sozialforschung. München: UTB Fink.

Strauss, Anselm/Corbin, Juliet (1996): Grounded Theory: Grundlagen Qualitativer Sozialforschung. Weinheim: Beltz.

Weber, Max (1992 [1919]): Wissenschaft als Beruf. In: Mommsen, Wolfgang J., Schluchter, Wolfgang in Zus.arbeit mit Morgenbrod, Birgit (Hrsg.): Max Weber. Wissenschaft als Beruf. Max Weber Gesamtausgabe Bd. 17. Tübingen: Mohr Siebeck.

„Mit der Kraft der Märtyrer und den Tränen des Handalas." Visuelle Resilienz-Strategien und Inversionsmechanismen im Nahostkonflikt

Tim Bausch

Der Beitrag beleuchtet den strategischen Umgang mit Bildern des Scheiterns und Bildern des Erfolges in konfliktintensiven Kontexten. Als Gegenstandsbereich dienen die visuellen Diskurse der palästinensischen Diaspora im Libanon und die visuellen Diskurse der PalästinenserInnen in den Autonomiegebieten. Die zugrunde liegenden Daten entstammen einem ethnografischen Feldforschungsprojekt und wurden methodisch durch bildbasierte Interviews erhoben.

Das konzeptionelle Destillat dieses Beitrages sind zwei Inversionsmechanismen. Diese entfalten sich in einem strategischen Raum, der durch die Pole *Erfolg* und *Scheitern* konstituiert wird. Dabei werden die Begriffe Scheitern und Erfolg als soziale bzw. kulturelle Konstruktionen verstanden. Inversionsmechanismen nutzen diese soziale Grundierung, indem sie jene Konstruktionen interessenspezifisch (um-)gestalten.

Während der Inversionsmechanismus der *Viktimisierung* die faktische materielle Überlegenheit der Gegenseite moralisch traktiert, sorgt der Inversionsmechanismus der *Verwiderstandlichung* dafür, dass bereits das bloße Bestehen des Eigenen als (Teil-)Erfolg verstanden wird. Beide Inversionsmechanismen haben das Ziel das eigene Handlungsvermögen zu vergrößern.

Weiterhin wird im Beitrag aufgezeigt, wie aus den verschiedenen Kontexten und Gemengelage auf spezifische visuelle Resilienzstrategien zurückgegriffen wird. Bilder, insbesondere Wandgemälde, sorgen hier für additive Effekte indem sie als bildliche Welterzeugung der zugrunde liegenden Mechanismen funktionieren.

T. Bausch (✉)
Universität Jena, Jena, Deutschland
E-Mail: bausch.tim@uni-jena.de

© Springer Fachmedien Wiesbaden GmbH, ein Teil von Springer Nature 2019   73
M. Junge (Hrsg.), *Das Bild in der Metapher,*
https://doi.org/10.1007/978-3-658-24562-7_6

1 Hinführung[1]

Die Begriffe *Scheitern* und *Erfolg* sind konstitutiv für die Bewertung politischer Sachlagen. Während sich naturwissenschaftliche Phänomene zumeist objektiv bestimmen lassen, ergeben sich bei der Beurteilung politischer Ereignisse immer auch soziale und kulturelle Brechungen (vgl. Hart und Bovens 2016).[2] Kurz, jene Begriffe unterliegen gesellschaftlichen Bedingungen, es handelt sich um soziale Konstruktionen. Gleiches gilt auch im Kontext bewaffneter Konflikte, wie dem Nahostkonflikt. Die visuellen Diskurse der palästinensischen Seite dieses Konfliktes dienen hier gleichsam als Untersuchungsfeld.

Durch die soziale Grundierung der jeweiligen Konzeption von *Scheitern* und *Erfolg* eröffnet sich den Konfliktparteien ein strategischer Spielraum. An einer möglichst vorteilhaften Auslegung der Konfliktumstände (Ursache, Verlauf und Ausgang) hegen die Akteure ein großes Interesse. Schließlich sind alle Seiten versucht, die jeweilige Motivlage und die damit verbundenen Anstrengungen möglichst positiv zu vermarkten. Gleichlaufend gilt es die Leistungen der Gegenseite gering zu schätzen und den entsprechenden Counterpart in weiterer Konsequenz zu diffamieren. Das Aufzeigen des gegnerischen Scheiterns soll dessen Schwächen offenlegen. Dabei kann der Gegner an selbst erklärten Zielen scheitern, sich ungewollt dilettantisch verhalten oder auch an den moralischen Standards seiner Zeit mit den Folgen eines Negativimages fallieren. Es lässt sich also sowohl ein strategischer Nutzen aus der Thematisierung des gegnerischen Scheiterns als auch aus der Thematisierung des eigenen Erfolges ziehen.

Michel Foucault bezeichnete derartige Strategien einst als „Technik[en] der Macht" (Foucault 2013, S. 240). Interessenspezifische Wahrheitsregime sollen die Gegenseite denunzieren und die soziale Wirklichkeit zum eigenen Vorteil auslegen (vgl. ebd.). In Zeiten von *Social Media* und Nachrichtenberichterstattung

---

[1]Die hier vorgestellten Ergebnisse entstammten einer Feldforschung aus den Jahren 2016/2017/2018. Hierfür wurden im Rahmen von Feldforschungsaufenthalten die visuellen Diskurse der PalästinenserInnen in a) Jordanien, b) dem Libanon sowie c) in den palästinensischen Autonomiegebieten untersucht. Für die Zusammenarbeit im Vorfeld danke ich Sarah Peters.

[2]Mark Bovens und Paul't Hart (2016, S. 656) unterscheiden in ihrer Analyse zum Nexus Scheitern und Erfolg zwischen zwei Arten von Bewertung. Die *programmatic evaluation* unterscheidet sich insofern von der *political evaluation* als dass sich an Faktizitäten orientiert wird. Letzterer Bewertungsmodus orientiert sich mehr am Impressiven, wie sie Frames und andere subjektivierenden Mechanismen nennen.

in Echtzeit, häufig gesäumt von dramatischen Livebildern, ist der weltöffentliche Rückhalt besonders bedeutend. Schließlich zeichnet sich das globale Staatengefüge durch zahlreiche institutionelle Verflechtungen aus (vgl. Keohane 1984), die sich etwa in Form internationaler Organisationen (vgl. Biermann und Koops 2016) oder auch juristischer Regelungsinstanzen (bspw. das Völkerrecht) manifestieren (vgl. Quenivet 2011). Internationale Akteure sind voneinander abhängig, dementsprechend sind Reputation und Rechtschaffenheit vorteilhafte Eigenschaften auf dem internationalen Parkett.

Wie eben dargelegt, bildet sich durch die Koordinaten *Scheitern* und *Erfolg* ein strategischer (Spiel-)Raum. Primäres Ziel der vorliegenden Untersuchung ist die Konzeptualisierung zweier in eben diesem strategischen Raum wirkender Inversionsmechanismen[3], nämlich I. die *Viktimisierung* und II. die *Verwiderstandlichung*. Ein weiteres Ziel ergibt sich aus der Motivation den bestehenden Wissenskorpus zum Themenkomplex *Scheitern/Erfolg* um ein konflikttheoretisches Glied zu erweitern.

So wird im weiteren Verlauf deutlich, dass sich die Koordinaten *Scheitern* und *Erfolg* für Strategien der Selbstüberhöhung und Diffamierung in besonderer Weise anbieten. Einen Wirkungsbereich finden diese Strategien in den Manifestationen sinnlicher Subjektivierungen (vgl. Rancière 2002). Insbesondere Wandbilder, wie man sie im palästinensischen Kontext sehr häufig findet, sind effektive Modi der sinnlichen Welterzeugung (vgl. Bausch und Kneifel 2019). Kurz, sie stellen die nötigen Mittel zum anvisierten Zweck. Folglich dienen der vorliegenden Untersuchung Bilder als Zugang zu eben jenem strategischen Raum. Um es mit den Worten Michel Foucaults (2001, S. 794) zu formulieren: „Wir sind überzeugt, wir wissen, dass alles in der Kultur spricht". Als konkrete Untersuchungsfälle wurden die Wandgemälde a) *der palästinensischen Diaspora im Libanon* und b) *der palästinensischen Autonomiegebiete* gewählt. Die These, dass die damit verbundenen Lebensumstände innerhalb der visuellen Diskurse verschiedenartige narrative Dominanzen herausbilden, ist für das erklärte Erkenntnisinteresse maßgeblich.

---

[3]Das Konzept der *Inversionsmechanismen* ist bisweilen in den Sozialwissenschaften nicht behandelt worden. Eine theoretische Implikation der hiesigen Untersuchung ist daher die Elaboration jener Gattung von Mechanismen.

2   Theoretisch-konzeptionelles Fundament

Das vorliegende Kapitel entfaltet nun die theoretischen Grundlagen dieser Untersuchung. Dafür wird zum einen erläutert, inwiefern Bilder einen Zugang zum strategischen Raum bieten; zum anderen wird in die handlungstheoretische Essenz von Scheitern und Erfolg eingeführt. Mittels einer Komplementierung durch Formen der Inszenierung (zum Zweck der Strukturgenese), wird die Untersuchung durch eine konstruktivistische Perspektive erweitert.

2.1   Bilder als Analysekategorie

Fortan wird unter bewaffneten Konflikten eine Positionsdifferenz mindestens zweier Akteure mit entsprechender physischer Gewaltausprägung verstanden (vgl. Spindler 2005, S. 147). Das Ringen um Interessen, Werte und Normen ist diesem Antagonismus inhärent. Lisa Bogerts (2016) unterstreicht die Signifikanz von Bildern als Element von Widerstands- und Konfliktdiskursen. Aus dieser Funktionsweise resultiert eine weitere Implikation: Wenn Bilder der Street Art als Kommunikationsmittel dienen, ergibt sich gleichsam eine adäquate Analysekategorie, um Narrativstrukturen zu rekonstruieren. Dieser Logik haben wir uns im Rahmen verschiedener Feldforschungen zu den visuellen Diskursen der PalästinenserInnen angenommen. Dabei folgten wir methodisch einer Kombination von Bild- und Gesprächsanalyse. Mit anderen Worten: Mittels bildgestützter Interviews haben wir gemeinschaftlich verschiedene Diskurselemente nach der Logik der Grounded Theory (vgl. May und Diedrich 2016) analysiert. Anfangs folgten wir dabei einem Erkenntnisinteresse, das von der hiesigen Abhandlung als unabhängig zu betrachten ist. Indem das Datenmaterial nun unter den Gesichtspunkten von *Scheitern/Erfolg* neu ausgewertet wurde, fließen die Befunde auch in den fallanalytischen Teil der vorliegenden Untersuchung ein.

2.2   Die handlungstheoretische Essenz von Scheitern und Erfolg

Matthias Junge (2004) denkt Scheitern vom Strukturvermögen aus. Ein solches Verständnis von Scheitern, als „Grenze der Handlungsfähigkeit" (Junge 2004, S. 8), legt den Fokus auf das Handlungsvermögen. Die Reduktion von Handlungsoptionen wird so zum Wesensmerkmal des Scheiterns. Dementsprechend unterscheiden Vertreter jener Perspektive zwischen einem graduellen und einem absoluten Scheitern. Während aus dem graduellen Scheitern eine signifikante Minderung der Handlungsoptionen folgt, kennzeichnet absolutes Scheitern das „totale Unvermögen" (John und Langhof 2014, S. 3), also eine absolute Endstrukturierung der Lebensumstände. Das Subjekt stünde in letzteren Fall buchstäblich vor dem Nichts.

Ich erlaube mir mittels des Strategiespiels *Schach* eine kurze spieltheoretische Illustration. Die Logik des Schachs ist zumindest aus einer rationalistischen Perspektive der Logik eines Konflikts nicht unähnlich. Die SpielerInnen sind versucht das Niveau ihrer möglichen Spielzüge auf einem hohen Niveau zu halten und gleichsam die möglichen Züge des Gegners durch das Liquidieren möglichst vieler gegnerischer Spielfiguren zu reduzieren. Jede Liquidation kennzeichnet einen Moment des graduellen Scheiterns, da der Verlust einer Spielfigur das Handlungsvermögen der Gegenseite reduziert.

Ein entscheidender Moment im Spielverlauf ist *„das Schach setzen"* des gegnerischen Königs. Durch das *„Schach setzten"* wird der Gegner auch buchstäblich in *Schach gehalten.* Dieser muss zwangsläufig reagieren und dementsprechend konzentrieren (respektive: reduzieren) sich die Handlungsmöglichkeiten auf das Überleben des Königs. Um dieses Überleben zu garantieren, werden von dieser Situation unbeteiligte Spielfiguren zumindest punktuell unbedeutend. Auch diesen Umstand kann man als graduelles Scheitern bezeichnen. Handlungen sind möglich, allerdings reduziert sich der Möglichkeitsraum sinnvoller Handlungen. Der Spieler wird zu einem Wechsel des strategischen Modus gezwungen – von einem *Agieren* zu einem *Reagieren.*

Wird der Gegner zu allem Überfluss *„Schachmatt gesetzt",* sind keine Züge mehr möglich, die das Überleben des Königs gewährleisten könnten. Mit anderen Worten: Das Handlungsrepertoire ist zum Erliegen gekommen; nach den Regeln des Spiels ist eine absolute Endstrukturierung zu verzeichnen. Der Spieler ist in diesem Fall in ultimativer Hinsicht gescheitert, weil alle Handlungsstrukturen versiegt sind.

Die Logik des Erfolges konstituiert sich entsprechend unter umgekehrten Vorzeichen. Folglich ist *Scheitern* das Versiegen von Handlungsmöglichkeiten, während *Erfolg* einen handlungsstrukturellen Überfluss kennzeichnet. Beim *kollektiven Scheitern,* zentral für die hiesige Untersuchung, versiegen wichtige Kollektivstrukturen, wie bspw. die Sprache und somit die Möglichkeit des phonetischen Transports kulturspezifischer Werte. Im Zuge der vorliegenden Untersuchung wird diese handlungs- bzw. spieltheoretische Stoßrichtung durch eine konstruktivistische Perspektive komplementiert. Im konstruktivistischen Sinne wird konstatiert, dass Handlungsstrukturen nicht naturalistisch betrachtet werden, sondern im Zuge gesellschaftlicher Aushandlungsprozesse sozial konstruiert werden. Weiterhin sind solche Konstrukte als kontingent, sprich veränderbar zu betrachten. Durch die Komplettierung wird ein weiteres Augenmerk auf Formen der Inszenierung als struktur*genetisches* Moment gelegt.

2.3 Inszenierungen als (Konstruktions-)Modus zum (Struktur-)Zweck

Die sozialen Koordinaten *Scheitern* und *Erfolg* lassen durch ihren Konstruktionscharakter aber auch Formen der Inszenierung zu. Die Figur des vermeintlich erfolgreichen Geschäftsmenschens, im Besitzt teurer Statussymbole, ist allgemein bekannt. Sich in der Sonne des Erfolges baden, ist sicherlich für viele Akteure reizvoll. Schließlich verleiht dies Macht und Anerkennung.

Doch auch Inszenierungsmodi des Scheiterns sind möglich. Jene Ästhetik des Scheiterns kennen wir bspw. aus der Populärkultur. Der klassische Antiheld ist in vielen Genres ein gängiges Stilmittel. Inwiefern es sich auf dem internationalen Parkett als gescheitert bzw. erfolgreich zu inszenieren lohnt, wird im weiteren Verlauf aufgezeigt. An dieser Stelle soll vorausgeschickt werden, dass Momente des Scheiterns in den palästinensischen Diskursen überraschend prominent verhandelt werden. Dieser Befund ist mit einer Irritation verbunden. Spieltheoretisch ließe sich vermuten, dass Konfliktakteure ihre Momente des Scheiterns nicht derart offenlegen. Ein Eingeständnis des Scheiterns fügt der Gegenseite symbolisches Terrain zu. Folglich ist Scheitern während eines Konfliktes nicht opportun und ein offizielles Eingeständnis dessen nicht zweckrational. Doch wie kommt es, dass Erfahrungen des Scheiterns derart markant in den Visualisierungen reflektiert werden? Insbesondere der erste Inversionsmechanismus (Viktimisierung) liefert hier wertvolle Antworten. Die Illustration mittels der zuvor eröffneten Schach-Szene ist hier im Übrigen hinfällig. Denn eine Sache unterscheidet das Schachspiel mit einem internationalen Konflikt: Anders als beim Schach, ist bei internationalen Konflikten, das Spielgefüge deutlich undurchsichtiger.

2.4 Mechanismen: Inversion durch Transformation

Die Untersuchung setzt es sich zum Ziel innerhalb des strategischen Raumes, gebildet durch die Pole *Scheitern* und *Erfolg*, *Inversionsmechanismen* zu abstrahieren. Bereits die hier verwendete Begrifflichkeit der *Inversion* (z.dt.: Umkehrung) indiziert den transformativen Charakter jener Mechanismen. Diese

Essenz gilt es im weiteren Verlauf herauszufiltern und zu konzeptualisieren. Dementsprechend sind jene Mechanismen von Interesse, die sich a) aus den visuellen Diskursen ableiten lassen und b) ein umkehrendes/transformatives Element hinsichtlich des Kontinuums *Erfolg* und *Scheitern* enthalten. Doch was ist genau unter einem Mechanismus zu verstehen?

> A mechanism is a set of interacting parts – an assembly of elements producing an effect not inherent in any one of them. A mechanism is not so much about ‚nuts and bolts‘ as about `cogs and wheels`- the wheelwork or agency by which an effect is produced (Elster 1989, S. 78).

Es stellt sich also die Frage, welche *Cogs* und *Wheels* den strategischen Raum zwischen Erfolg und Scheitern konzeptionell ausgestalten. Da die Struktur der Verschriftlichung der Dramaturgie der Untersuchung angemessen sein sollte, wird an dieser Stelle auf weitere Ausführungen verzichtet. In der Fallanalyse werden diese Vorüberlegungen erneut aufgegriffen, konzeptualisiert sowie elaboriert und abschließend im Fazit in eine kurze, aber informative Form gebracht.

3   Fallanalyse

Die Gesamtgemeinschaft der PalästinenserInnen ist stark fragmentiert. Gegenwärtige Hauptsiedlungsorte sind die palästinensischen Autonomiegebiete sowie verschiedene Länder der Diaspora (insbes. Jordanien, Libanon, Syrien). Hinsichtlich des Samplings resultiert aus diesen realweltlichen Gegebenheiten eine Fallgruppe (die Summer der palästinensischen Subkollektive), aus der zwei Fälle entnommen werden: Nämlich I) die palästinensische Diaspora im Libanon und II) die PalästinenserInnen in den Autonomiegebieten.

Als Begründung werden in erster Linie forschungspragmatische Argumente zu Felde geführt. Gegen Syrien spricht aktuell der Konflikt zwischen dem sogenannten *Islamischen Staat* und anderen islamistischen Splittergruppen, dem Assadregime und den verbleibenden Oppositionskräften. Jordanien hingegen weist einen effektiven Geheimdienst auf, der subversive palästinensische Parolen seit dem *Schwarzen September*[4] regelrecht unterbindet. Wenngleich die

---

[4]Der schwarzen September (1970) kennzeichnet den gewaltsamen Konflikt zwischen den *fedayeen* (palästinensischen Guerillagruppen) und der jordanischen Armee. Infolgedessen wurden die palästinensischen KämpferInnen aus Jordanien vertrieben (vgl. Robins 2004, S. 124 ff.).

PalästinenserInnen im Libanon unter einer Vielzahl sozialer und wirtschaftlicher Sanktionen leiden, ist es ihnen erlaubt eine politische Identität auszuleben. Darüber hinaus befindet sich der Libanon nach wie vor offiziell im Krieg mit Israel und teilt mit den palästinensischen Parteien ein gemeinsames Feindbild. Die PalästinenserInnen der Autonomiegebiete erleben die Besatzung und die direkte Konfrontation mit dem Feind täglich. Auch werden subversive Kommunikationsformen von der Regierung durchaus erwünschte. Daraus ergeben sich für die Fälle *Libanon* und *palästinensische Autonomiegebiete* interessante Rahmenbedingungen.

Bevor wir zu der empirischen Basis gelangen, erlaube ich mir einen kurzen Exkurs zur methodischen Ausarbeitung. Wenn im Folgenden von Dominanzen gesprochen wird, sind markante Muster innerhalb des visuellen Diskurses gemeint. Markante Muster bilden sich aus inhaltlich gleichförmigen Sprech- und Deutungsakten. Diese gleichförmigen Sprech- und Deutungsakte wurden mittels eines mehrstufigen Codierverfahrens qualitativ analysiert. Die damit zusammenhängende Analyseeinstellung versucht nicht zu quantifizieren, sondern soziale Tendenzen, bspw. Handlungsmuster und die damit einhergehenden Sinn- und Bedeutungsstrukturen, zu rekonstruieren. Bei der Präsentation der Ergebnisse gilt jedoch eine gewisse Bescheidenheit. Es ist ein Wesensmerkmal qualitativer Forschung, dass Generalisierungen nur mit Bedacht vorgenommen werden. Insofern sind die nachfolgenden Ausführungen als vorläufig zu verstehen.

Auf die empirische Basis zurückkommenden, kann konstatiert werden, dass sich aus den unterschiedlichen Lebensrealitäten entsprechend unterschiedliche (Teil-)Identitäten und in weiterer Konsequenz verschiedenartige Dominanzen in den visuellen Reflexionen (respektive: den Wandgemälden) herausbilden. So tritt der Aspekt des Widerstandes in den visuellen Diskursen der palästinensischen Autonomiegebiete stärker zum Vorschein als in den Camps des Libanons. Yassir Arafat, Leila Khaled und verschiedene Widerstand- und Märtyrer-Figuren verkörpern die Dominanz des Widerstandes. In der palästinensischen Diaspora im Libanon ist wiederum der Aspekt der Viktimisierung dominanter. Dementsprechend prominent sind dort der Schlüssel und der Handala vertreten. Es gilt noch einmal darauf hinzuweisen, dass die nachfolgenden Kategorien Idealtypen darstellen, die sich aus Dominanzen ergeben. Somit sind Ausreißer die Regel. Ganz ohne Zweifel existieren Formen der Viktimisierung auch in den palästinensischen Autonomiegebieten und ebenso gibt es freilich auch Elemente des Widerstandsnarratives in der palästinensischen Diaspora des Libanons. Die unterschiedlichen Lebensrealitäten und deren Folgen, kontextuelle Faktoren und die daraus resultierenden Strategien und deren Indikatoren, werden in unten angefügter Tabelle *idealtypisch* wie folgt dargestellt:

	Palästinensische Diaspora im Libanon	Palästinensische Autonomiegebiete
Handlungsvermögen:	→ Tendenz zum absoluten Scheitern	→ Tendenz zum graduellen Scheitern
Folge:	Unsichere Identität	Klare Identität
Kontextuelle Faktoren:	Segregiert von Geschehen	Kontakt zum Geschehen
Strategie/Inversionsmechanismus:	Viktimisierung	Widerstandsnarrativ
Verbale Indikatoren:	• Selbstidentifikation als Opfer • Thematisierung von Leid und Schaden • Forderung nach Gerechtigkeit • Forderung nach Solidarität • Gefühl des Vergessenwerdens	• In-Vivo: „To exist is to resist" • Kampf • Stärke • Bestehen • Ehre
Visuelle Indikatoren:	• Handala • Schlüssel	• Widerstands- und Märtyrerfiguren
Form der Inszenierung:	Inszenierung als Opfer	Inszenierung als erfolgreicher Akteur.

3.1   Palästinensische Diaspora: Viktimisierung

Wie aus der obigen Tabelle hervorgeht, weisen unsere beiden Fälle einige strukturelle Unterschiede auf. Das Handlungsvermögen der PalästinenserInnen im Libanon ist aufgrund der sozialen, wirtschaftlichen und rechtlichen Situation als gering einzuschätzen. Durch die Osloer Friedensverträge ist kurz- und mittelfristig nicht mit der Rückkehr der Diaspora ins Heimatland zu rechnen (vgl. Sina 2004). Darüber hinaus werden den PalästinenserInnen im Libanon strukturell die Sicht- und Sagbarkeitsfelder entzogen. So sind sie räumlich durch die Struktur der Camps segregiert und werden kaum in der politischen Struktur des Libanon repräsentiert (vgl. Knudsen 2009). In dem lauten Getöse des Nahostkonfliktes werden die PalästinenserInnen im Libanon kaum bemerkt. Diese sozialen Umstände haben eine unsichere Identität zur Folge (vgl. ebd.). Daraus ergibt sich eine Tendenz zum absoluten Scheitern. Der politische Philosoph Jaques Rancière (2002) hat die Logik des *Nichtgehörtwerdens* in einer plastischen Szene illustriert. Zu diesem Zweck greift Rancière die altgriechische Unterscheidung von *Tier* und *Mensch* auf. Diese Unterscheidung zeigt sich im Wesentlichen durch das menschliche Privileg der Sprache *(logos)*, welche erlaubt „das Nützliche und das Schädliche kundzutun, und folglich das Gerechte und Ungerechte" (Rancière 2002, S. 14). Das Tier muss sich indes mit der Stimme *(phone)*, die lediglich Freud und Leid indizieren kann, begnügen. Daraus ergeben sich „zwei Weisen, am Sinnlichen teilzuhaben" (ebd.). Die eine kann nur klagen, eine Gefühlsregung artikulieren *(phone)*, während die andere das Potenzial besitzt, als wahrer Sprechakt *(logos)* zu agieren. Rancière (2002, S. 33) kritisiert dieses Kontinuum, indem er die Aufmerksamkeit auf jene Menschen lenkt, die zwar fähig sind zu sprechen, aber nicht gehört werden. Wahres Sprechen im Sinne eines Sprechaktes setzt nicht nur einen Sender, sondern auch einen Empfänger voraus. Erst dadurch kann sich ein Handlungsakt durch sprachliche Wirklichkeitsgestaltung entfalten.

Die palästinensischen Parteien im Libanon sind im Vergleich zu ihrem Pendant in den Autonomiegebieten deutlich unterprivilegierter. Die Diaspora geht häufig im klaren und hörbaren Logos der direkt am Konflikt beteiligten und mehr Aufmerksamkeit erfahrenden palästinensischen Parteien im Westjordanland unter und bleibt so unsichtbar (vgl. Rancière 2002, S. 34). Den PalästinenserInnen der libanesischen Diaspora wird somit eine mächtige Handlungsstruktur, die Artikulationsfähigkeit, genommen. Gemeinsam mit den anderen Faktoren lässt sich eine Tendenz zum absoluten Scheitern feststellen. Um diesen existenziellen Herausforderungen zu begegnen, nutzen die PalästinenserInnen den Inversionsmechanismus der Viktimisierung. Dementsprechend wird im Folgenden aufgezeigt wie die *Selbstinszenierung als Gescheiterter* das Scheitern, hier verstanden als die Reduktion von Handlungsmöglichkeiten, unter bestimmten Vorzeichen ins Gegenteil verkehrt. Nämlich insofern als dass durch jene Inszenierung Handlungsstrukturen eben *nicht* minimiert werden, sondern im Gegenteil, eine Genese von neuen Handlungsstrukturen in Gang gesetzt wird. Als Applikationsfläche dienen bestehende globale Solidaritätsstrukturen. Die entsprechenden Vorzeichen manifestieren sich durch den *Imperativ der Gerechtigkeit,* einem Ordnungselemente internationaler Politik. Elemente dieses Imperatives der Gerechtigkeit sind beispielsweise Menschenrechtsregime, Wahrheitskommissionen und internationale Gerichte.

Um diesen Umstand näher zu erläutern, gilt es die spezifische Verbindung von *Scheitern* und dem Begriff des *Opfers* genauer zu betrachten. Die Idee des Opfers ist nicht zu Letzt durch *Abrahams Opfer* Bestandteil aller monolithischer Religionen. Dementsprechend gibt es ein weltweites, im Kern sich ähnelndes Verständnis gegenüber der Logik des Opfers. Die Opfergabe wird dann zu etwas Fremdbestimmten, wenn das Opfer nicht das Eigene ist. Im heutigen Rechtsverständnis gibt es bei einem fremd bestimmten Opfer auch immer einen Täter.[5] Die Reduktion von Handlungsmöglichkeiten ist der Idee des Opfers durch den Aspekt der Fremdbestimmung inhärent. Die PalästinenserInnen machen hier die Not zur Tugend und nutzen einen von mir als solchen bezeichneten Inversionsmechanismus. Dieser Inversionsmechanismus dreht die Logik des Scheiterns in zweifacher Weise um.

1. Als (fremd bestimmtes) Opfer scheitert man nicht, sondern „wird" gescheitert. Somit wird die Verantwortung auf den Täter übertragen.

2. *Der eigentliche Täter/(Sieger) wird durch den Imperativ der Gerechtigkeit zum Gescheiterten. Schließlich scheitert der vermeintliche Sieger moralisch, da sein Sieg auf einem unrechtmäßigen Opfer gebaut ist.*

Doch welcher Ermöglichungsrahmen liegt der doppelten Inversion zugrunde? Die Viktimisierung baut eine Gegenstrategie zum Master-Narrativ des israelischen Staates auf. Schließlich ist der israelische Staat (auch) eine historische Konsequenz des europäischen Antisemitismus, der im Holocaust seinen schrecklichen Höhepunkt fand. Auf dem internationalen Parkett, abgesehen von einigen Ausnahmen, resultiert daraus insbesondere in Europa und Nordamerika ein Standing, das den israelischen Staat auch heute noch als durch das Unrecht des 2. Weltkrieges moralisch legitimiert betrachtet. Diese Inszenierung wird durch die Kontra-Inszenierung (Viktimisierung) herausgefordert. Gibt es ein Opfer, muss es folgelogisch auch einen Täter geben. Israel wird so als moralisch gescheitert dargestellt.

Eine weitere Vorbedingung firmiert unter dem Konzept des *„Charisma des Opfers"* (Bonacker 2012). Damit wird die „herausgehobene Rolle des Opfers" (Bonacker 2012, S. 7) konzeptionell erfasst. Dieser neuen Positionalität liegt ein „Wandel an einer stärkeren Anerkennung von Opferrechten" (Bonacker 2012, S. 6) zugrunde. Mit anderen Worten: „[T]he victim's word can no longer be doubted" (Fassin und Rechtman 2009, S. 29). Kurz, Opfer generieren ihre Handlungsfähigkeit gerade über ihre Opferschaft. Aus den Verbrechen der NS-Zeit und den allgemeinen Schrecken des 2. Weltkrieges resultiert zivilgesellschaftlich eine Tendenz sich mit *Unterdogs* zu solidarisieren (vgl. dazu auch Vandello et al.

---

[5]Heutiges Rechtsverständnis meint hier das heute international geltende Recht. So unterscheidet das Völkerrecht bspw. klar zwischen (kollektiven) Opfern und (kollektiven) Tätern.

2017). In diesem Bündel an Vorbedingungen und Kontextfaktoren entfaltet sich schließlich der Inversionsmechanismus der Viktimisierung.

Welche Rolle spielen in diesem Kontext nun Bilder? Als Illustration dienen hier der Schlüssel und die Figur des Handalas. So agiert der Schlüssel als stiller Zeuge in zweifacher Weise: Einerseits erinnert er an die Vertreibung aus der Heimat und das in diesem Zusammenhang erfahrene Unrecht, anderseits symbolisiert er die erhoffte Rückkehr. Somit ist der Schlüssel Besitzurkunde und Kompass in einem. Durch die Komponente des erfahrenen Unrechts unterstreicht er das Opferverständnis. Die globale Reproduktion und die zugrunde liegenden Solidaritätsstrukturen manifestieren sich bspw. in den jährlich stattfindenden *al-Quds-Tagen*.[6] Dort wird der Schlüssel beispielsweise auch in Deutschland emporgehoben und so symbolisch die Solidarität mit den PalästinenserInnen erklärt.

Noch eindringlicher wird dieses Argument bei der Betrachtung des Handala. Der Handala strahlt, zumindest in der Originalvorlage, durch seine Kindlichkeit und das Verschränken der Hände Passivität aus. Sehr häufig ist der Handala auch Beobachter von erfahrener Gewalt. Sein Name bedeutet ins Deutsche übersetzt *bitter*, was letztlich seine inhumanen Existenzbedingungen unterstreicht. Wie sehr dieses Symbol zum Teil internationaler Solidaritätsstrukturen geworden ist, welche wiederum als (Teil-)Resultat der Opferschaft zu betrachten sind, wird an der Außendarstellung des BDS-Movement deutlich. Jene Bewegung, die es sich zum Auftrag gemacht hat den israelischen Staat mittels Wirtschaftssanktionen *bottom-up* zu schädigen, trägt den Handala im Logo. Dort wird der Handala mit einer Waage in der Hand dargestellt, einem jener drei Attribute der römischen Rechtsgöttin Justitia. Der Inversionsmechanismus der Viktimisierung zeigt Wirkung.

3.2   Palästinensische Autonomiegebiete: Verwiderstandlichung

Abermals auf die obige Tabelle zurückkommend, wird deutlich, dass die Situation für die PalästinenserInnen in den Autonomiegebieten deutlich anders als im Libanon geartet ist. Das Handlungsvermögen der PalästinenserInnen ist dort durch den Besatzungsstatus zwar deutlich reduziert, dennoch besteht, hier als

---

[6]Während der jährlich stattfindenden *al-Quds-Tage* wird weltweit an die Vertreibung der PalästinenserInnen erinnert. Durch den starken Einfluss iranischer Parteien, wie bspw. die Hisbollah, weisen diese Protestformen häufig einen starken antisemitischen Charakter auf.

kontextuelle Variable verstanden, ein direkter Kontakt zum Geschehen bzw. zur Gegenseite. Dieses untrennbare Verhältnis nährt gleichsam allerlei Handlungsstrukturen. So können beispielsweise Aufrufe zum zivilen Widerstand vor Ort umgesetzt werden; dem Gegner kann, ob symbolisch oder gewaltvoll, Schaden zugefügt werden. Durch den global-medialen Fokus auf das Geschehen in den palästinensischen Autonomiegebieten und der direkten Konfrontation mit dem Staat Israel, entsteht ein mediales Epizentrum indem die Forderungen der dortigen Palästinenserinnen deutlich klarer als in der Diaspora zu vernehmen sind. Hier stehen den Akteure die Handlungsmacht eines *logos* zur Verfügung.

Nichtsdestotrotz stehen die PalästinenserInnen einem Staat entgegen, der infrastrukturell (zivil und militärisch) sowie kapitaltechnisch deutlich überlegen ist. Um dieser Überlegenheit und dem damit verbundenen graduellen Scheitern zweckrational begegnen zu können, bedienen sich die PalästinenserInnen ebenfalls eines Inversionsmechanismus, nämlich der *Verwiderstandlichung*. Mittels jenes Mechanismus wird ein Inszenierungsform gewählt, welche die PalästinenserInnen als erfolgreich (in ihrer Sache) darstellt.

Metaphern sind mehr als bloße Wortspiele. So wissen wir etwa aus der kognitiven Metaphernforschung, dass Metaphern unsere Wahrnehmungs-, Denk- und Handlungsschemata prägen (vgl. Lakoff und Johnson 2003). Die Losung *„to exist is to resist"* ist für die meisten PalästinenserInnen eine geflügelte Formulierung. Unter Verwiderstandlichung verstehe ich eine bewusst angelegte Identität, die auf den Punkt besagt: Jeder Moment der Existenz ist so lange als Erfolg zu verbuchen, wie selbige besteht. Dadurch werden Scheitern und Erfolg im Prinzip kongruent. Schließlich wird das *Nicht-Scheitern* zum Erfolg. Jeder Moment des Bestehens wird somit zum Moment des Erfolges erklärt. Auch hier wird die Not zu Tugend und der Inversionsmechanismus sorgt für die notwendige Verschiebung. Dabei ist das Widerstandsnarrativ als direkte Reaktion auf den faktischen Grad der Entstrukturierung zu verstehen, der sich aus der starken Asymmetrie der Konfliktparteien ergibt. Dieser zweite Inversionsmechanismus generiert aus dem faktischen Scheitern mittels einer Identitätskonstruktion neue Handlungsstrukturen.

Der Handlungskorridor im Widerstand ist jedoch ganz nüchtern betrachtet vergleichsweise gering, da die Dissidenten immer auch abhängig von der Handlung der Gegenseite sind. Sie parieren mehr als dass sie agieren. Einzelne Verluste sind nicht Momente des Scheiterns, sondern werden zum *notwendigen Übel* einer höheren Sache stilisiert. Auch der Inversionsmechanismus der *Verwiderstandlichung* hat eine doppelte Verschiebung zur Folge.

1. *Das gegenwärtig bedeutende Erfolgsziel wird auf das Bestehen der eigenen Existenz im Momentanen reduziert.*
2. *Ferner wird ein sekundäres Erfolgsziel derart ausgedehnt, das es die Gegenwart überkommt und im utopischen Raum verortet wird. Dieses sekundäre Erfolgsziel legitimiert in gewisser Weise das primäre Erfolgsziel.*

Schließlich birgt jedes widerständiges Selbst ein Erfolgsziel, das auf lange Dauer angelegt ist. Dieses sekundäre Erfolgsziel kennzeichnet das Moment der Utopie im Widerständigen. Gemeint ist hier nicht der Alltagsgebrauch des Utopischen (etwas ist unrealistisch), sondern eine „Krisenbewältigungskompetenz" (Münkler 2012, S. 284). Denn schließlich enthebt man sich mittels widerständiger Utopien den realweltlichen Verhältnissen. Das sekundäre Erfolgsziel überkommt die Gegenwart und wir in eine ferne Zukunft gelegt.

Auch bei diesem Inversionsmechanismus tragen Visualisierungen zu additiven Effekten bei. Insbesondere durch Helden- und Märtyrerfiguren wird diese Unterstützung manifest. Die Distinktion zwischen Helden- und Märtyrerfiguren wird hier definiert durch das (Ab-)Leben. Während Heldenfiguren sich um den Widerstand verdient gemacht haben und zum gegenwärtigen Zeitpunkt noch lebendig sind, haben Märtyrerfiguren ihren Tribut mit dem Tod bezahlt. Das aus Heldenfiguren spätere Märtyrer werden, ist nicht ausgeschlossen.

Widerstandsfiguren verkörpern im wahrsten Sinne des Wortes die Verwiderstandlichung. Sie stellen Identifikationsangebote dar und zeigen durch ihre eigenen Taten dem Rezipierenden einen möglichen widerständigen Weg auf. Die eigentliche Umkehrung des Inversionsmechanismus wird jedoch bei den Märtyrerbildern deutlich. Noch einmal zur Erinnerung: Der Tod, als vollkommene Entstrukturierung, kann als absolutes Scheitern verstanden werden. Durch die (visuelle) Diskursfigur des Märtyrers wird der Tod jedoch zum (Teil-) Erfolg stilisiert. Schließlich verkörpert der Märtyrer einen Menschen, der *erfolgreich* für die palästinensische Sache verstorben ist. Erfolgreich insofern als dass besagte Person mit Leib und Leben seinen Teil zur Verwiderstandlichung beigetragen hat.

4   Fazit

Bilder dienten bei der vorliegenden Untersuchung vornehmlich als Zugang zum anvisierten Erkenntnisinteresse. Darüber hinaus wurde illustriert, wie Bilder additive Effekte entfalten können. Die Konzeptualisierung zweier Inversionsmechanismen bildet das Destillat der vorliegenden Untersuchung. Mittels der

Logik des Vergleiches können erste (vorsichtige) Rückschlüsse gezogen werden. In einer Situation nahe dem absoluten Scheitern bietet sich die *Viktimisierung* als mögliche Resilienzstrategie an, wie es auch in der palästinensischen Diaspora der Fall ist. Im Falle einer Tendenz zum graduellen Scheitern ist wiederum die Resilienzstrategie der *Verwiderstandlichung* von strategischem Vorteil. Der konzeptionelle Kern bildet sich jeweils aus einer Transformation der Pole von Scheitern und Erfolg. Mit anderen Worten: Die Akteure sind versucht die Grenzen des strategischen Raumes im eigenen Interesse umzustecken. So wird bei der Viktimisierung der faktisch Überlegene in eine Position des moralischen Scheiterns gedrängt. Die *Verwiderstandlichung* verschiebt das, hier könnte man auch von einem graduellen Erfolg sprechen, primäre Erfolgsziel raumzeitlich in das buchstäbliche *Hier* und *Jetzt*. Jeder Moment des Bestehens wird so zum (Teil-) Erfolg. Eine sekundäre Implikation verschiebt das absolute Ziel des Erfolges in den Raum der Utopie, mit den entsprechenden Implikationen solcher Konstrukte, von Ernst Bloch (1976) auch als „Prinzip Hoffnung" deklariert.

So wurde deutlich, wie die Inszenierung als Gescheiterter (Viktimisierung) bzw. als erfolgreicher Akteur (Verwiderstandlichung) zur Konstruktionsgenese von Handlungsstrukturen beitragen kann. Somit wird die handlungstheoretische Betrachtungsweise bestehender Arbeiten zum Komplex von Scheitern/Erfolg um eine konstruktivistische Perspektive erweitert. Hier bieten sich weitere Anknüpfungspunkte etwa für medienseziologische Untersuchung. Schließlich scheint die Rolle von Frames für beide Inversionsmechanismen wesentlich. Auch bieten sich Nahtstellen für sozialpsychologische Abhandlungen, gerade wenn es um die tiefenpsychologische Wirkweise jener Mechanismen geht. Aufgrund der gebotenen Kürze und der zugrunde liegenden Analyserichtung wurden Bilder hier vornehmlich als Zugang gewählt. So bieten sich weitere Anküpfungspotenziale, wenn die additiven Effekte jener Bilder genauer in den Blick genommen werden.

Literatur

Bausch, Tim/Kneifel, Stella (2019, i. E.): Reconciliation through the Visual and Pop-Culture. A case study of Palestinian Refugees in Lebanon. Reconciliation in the Middle East & North Africa. An Interdisciplinary Research. Göttingen: Vandenhoeck & Ruprecht, 35–54.
Biermann, Rafael/Koops, Joachim (2016): The Palgrave Handbook on Inter-Organizational Relations in World Politics. London: Palgrave Macmillan.
Bloch, Ernst (1976): Das Prinzip Hoffnung. Frankfurt a. M.: Suhrkamp.
Bogerts, Lisa Katharina (2016): Die Responsibility to Protest: Street Art als „Waffe" des Widerstands? In: Zeitschrift für Außen- und Sicherheitspolitik, 9, 503–529.

Elster, Jon (1989): Nuts and Bolts for the social science. Cambridge: Cambridge University Press.

Foucault, Michel (2001): Dits et Ecrits, Schriften, Band I, 1954–1969, Frankfurt a. M.: Suhrkamp.

Foucault, Michel (2013): Schriften zur Medientheorie. Frankfurt a. M., Suhrkamp.

Hart, Paul't/Bovens, Mark (2016): Revisiting the study of policy failures. In: Journal of European Policy.

John, René/Langhof, Antonia (2014): Die heimliche Prominenz des Scheiterns. In: John, René/Langhof, Antonia (Hrsg.): Scheitern – Ein Desiderat der Moderne? Wiesbaden: Springer VS.

Junge, Matthias (2004): Scheitern. Ein unausgearbeitetes Konzept soziologischer Theoriebildung und ein Vorschlag zu seiner Konzeptualisierung. In: Junge, Matthias/Lechner, Götz (Hrsg.): Scheitern. Aspekte eines sozialen Phänomens, 15–33.

Keohane, Robert O. (1984): After Hegemony: Cooperation and Discord in the World Political Economy. Princeton: Princeton University Press.

Knudsen, Are (2009): Widening the Protection Gap: The Politics of Citizenship for Palestinian Refugees in Lebanon, 1948–2008. Journal of Refugee Studies, 22, 51–73.

Lakoff, George/Johnson, Mark (2003): Metaphors we live by. London: The University of Chicago Press.

Mey, Günter/Dietrich, Marc (2016): Vom Text zum Bild –Überlegungen zu einer visuellen Grounded- Theory- Methodologie, In: Forum Qualitative Sozialforschung (2).

Quenivet, Noelle (2011): Die (unterschätzte) Bedeutung des Völkerrechts für die Friedensforschung. In: Eckern, Ulrich/Herwartz-Emden, Leonie/Schultze, Reiner-Olaf/(Hrsg.): Friedens- und Konfliktforschung in Deutschland. Eine Bestandsaufnahme, 235–251.

Rancière, Jacques (2002): Das Unvernehmen. Politik und Philosophie. Frankfurt/M.: Suhrkamp.

Robins, Philip (2004): A History of Jordan. Cambridge: Cambridge University Press.

Sina, Stephan (2004): Der völkerrechtliche Status des Westjordanlandes und des Gaza-Streifens nach den Osloer Verträgen. Wiesbaden: Springer VS

Spindler, Manuela (2005): Die Konflikttheorie des Neoinstitutionalismus. In: Bonacker, Thorsten (Hrsg.), Sozialwissenschaftliche Konflikttheorien. Eine Einführung. Wiesbaden: VS-Verlag, 142–165.

Vandello, Joseph A./Goldschmied, Nadav P./Richards, David A.R. (2017): The Appeal of the Underdog. In: Personality and Social Psychology Bulletin, 33, 1603–1616.

Das Picknick von Bucklebury: ein Genrebild erfolgreicher Herrschaftsdiskurse im Medienzeitalter. Eine dokumentarische Analyse

Oliver Zöllner

In diesem Beitrag wird ein alltägliches Medienprodukt – ein PR-Foto – im Sinne der dokumentarischen Methode nach Ralf Bohnsack (2011) analysiert. Die exemplarische Fotografie wird hierbei als ein Dokument ihres Entstehungsprozesses und eines in sie eingeschriebenen „Habitus" verstanden, der die Struktur- und Rahmenbedingungen von Akteuren und ihres Handelns in der Gesellschaft widerspiegelt und produziert. Bei dem Bild handelt es sich um die im Sommer 2013 verbreitete und inzwischen als weithin „ikonisch" aufgefasste Ablichtung eines scheinbar privaten Familienidylls des Herzogs und der Herzogin von Cambridge, William und Catherine, und ihres neugeborenen Sohnes George auf einer Wiese in Bucklebury. Der Beitrag untersucht, welche Art von Herrschaft in dem lancierten Pressebild konstruiert wird und in welchen Kontexten die Royals hiermit über sich selbst hinausweisen. Die Bild-Performance des Herzogpaares erscheint als ein mediales Kunstprodukt. Sie greift auf tradierte ikonische Formen und auf kulturelles Kapital zurück und bringt sie in eine symbolische Form. Das Bild generiert damit ökonomisches Kapital wie auch einen symbolischen weltlichen und überzeitlichen Herrschaftsanspruch der Monarchie. Das quasi Sakrale des royalen Fotomotivs wird durch die Orientierung an bürgerlichen Formen allerdings zugleich profaniert und veralltäglicht, wodurch das sakrale Entrücktsein der abgebildeten Bildprotagonisten paradoxerweise noch betont wird. Mit Bildnissen wie der Szenerie von Bucklebury werden die Betrachter eingefügt in eine quasi natürliche, mithin göttliche, also nicht mehr zu hinterfragende Ordnung.

O. Zöllner (✉)
Hochschule der Medien Stuttgart, Stuttgart, Deutschland
E-Mail: zoellner@hdm-stuttgart.de

© Springer Fachmedien Wiesbaden GmbH, ein Teil von Springer Nature 2019   89
M. Junge (Hrsg.), *Das Bild in der Metapher,*
https://doi.org/10.1007/978-3-658-24562-7_7

Ein Bild kann als Dokument oder „Text" seines Entstehungsprozesses in einer spezifischen historischen bzw. sozialen Situation verstanden werden. In ihm spiegeln sich die kulturellen Praktiken des Entstehungskontextes wieder, also etwa Posen, Verhaltensweisen, Rituale, Ordnungen oder Machtverhältnisse. Kurz: Ein Bild im Sinne der „dokumentarischen Methode" (Bohnsack 2010, 2011) kann – mit Bezug auf den Kunsthistoriker Erwin Panofsky (1955, S. 26 ff.) und den Wissenssoziologen Karl Mannheim (1980, S. 155 ff.) – als Dokument des Wesenssinns von Personen, eines Kollektivs, eines Milieus oder auch einer Epoche verstanden werden; es fängt diesen quasi ein. Der Kunstwissenschaftler Max Imdahl (1988, S. 92 f.) hat aufbauend auf Panofsky dessen ikonografisch-ikonologischen Analyseansätze um die ikonische Perspektive erweitert, die „zur Anschauung einer höheren, die praktische Seherfahrung sowohl einschließenden als auch prinzipiell überbietenden Ordnung und Sinntotalität" dient.[1] Diese Ordnung und Sinntotalität ist anschlussfähig zum „Habitus"-Konzept des Soziologen Pierre Bourdieu, das dieser im Rückgriff auf Mannheim und Panofsky als Analyse der Struktur- und Rahmenbedingungen von Akteuren und ihres Handelns in der Gesellschaft weiterentwickelt hat (Bourdieu 2014, S. 277 ff.; Bohnsack 2011, S. 30 ff.). In den Habitus schreibt sich die Gesellschaft mit all ihren meist unbewussten und oft unhinterfragten Verhaltens- und Bewertungsmustern ein: Er ist das „inkorporierte Soziale" (Bourdieu und Wacquant 2013, S. 160; Bourdieu 2014, S. 729 ff.).

Die dokumentarische Methode greift, soweit sie Bilddokumente analysiert, diese disziplinären Stränge auf und konzentriert sich auf Alltagsinterpretationen der Produzenten eines Dokumentes und die soziologische Rekonstruktion dieser Interpretationsvorgänge. Sie untersucht also die oftmals unbewussten Wissensbestände der Produzenten des Bildes, die sie re-interpretiert. Die dokumentarische Methode stellt sich demnach „ganz wesentlich die Aufgabe, *implizites Wissen zur Explikation* zu bringen" (Bohnsack 2011, S. 19). Mit Blick auf bildliche Dokumente setzt die „dokumentarische Interpretation und Wissensgenerierung (…) die wechselseitige Relationierung von Einzeläußerung bzw. Einzelelement des Bildes einerseits und des jeweiligen Kontextes andererseits voraus" (Bohnsack et al. 2015, S. 14). Sie untersucht nicht nur, *was* dargestellt wird, sondern vor allem, *wie* die Dokumente in die Welt kommen und produziert werden – und was dort ihre Verwendungen sind. Vergleiche mit anderen Dokumenten dienen dazu, das spezifische Dokument in eine Typologie einzuordnen und so überzeitliche Narrationsmuster herauszulösen. Diese Abfolge vom „Was" zum „Wie", also von der formulierenden zur reflektierenden Interpretation, und

---

[1]Vgl. auch Imdahl (2006, S. 300); darauf aufbauend Przyborski (2018, S. 47).

Abb. 1 Michael Middleton (Fotograf): ohne Titel. „Public Handout" via Nachrichten-agenturen, 19.8.2013. Abgebildete Personen v.l.n.r. Prince George of Cambridge; Catherine, Duchess of Cambridge; Prince William, Duke of Cambridge, aufgenommen am 19.8.2013 in Bucklebury, Großbritannien. © Michael Middleton. Mit freundlicher Abdruckgenehmigung von The Households of The Duke and Duchess of Cambridge & The Duke and Duchess of Sussex, London

über Vergleichsfälle zu einer Analyse des im Dokument eingefangenen Habitus und seiner Verwertungszusammenhänge, soll im Folgenden aufgegriffen werden. Untersucht wird ein alltägliches, recht banal daherkommendes Bilddokument, das bereits kurze Zeit nach seiner Veröffentlichung als ‚ikonisch' im landläufigen Sinne galt, indem es etwas über seinen gesellschaftlichen Kontext aussagt: „(…) iconic photographs are a fecund object for addressing debates about the power of images and professional practices in news and popular culture, and the over-all importance of news photographs to collective memory and group identities" (Cohen et al. 2018, S. 453). Abb. 1 zeigt das zu analysierende Pressefoto aus dem Jahr 2013.

1 Formulierende Interpretation: Was ist im Bild zu sehen?

In der formulierenden Interpretation ist der immanente Sinngehalt des Dokuments zusammenzufassen, in unserem Fall also, *was* die Bildproduzenten vor und hinter der Kamera explizit mitteilen. Der Interpret geht hierbei von einer „Eigensinnigkeit des Bildes" (Bohnsack 2011, S. 33) aus und vermeidet, dem Bild eigene Interpretationen aufzudrängen – wir „suspendieren" sozusagen unser mögliches Vorwissen und konzentrieren uns auf das „kommunikative Wissen", was das Dokument selbst von sich gibt (ebd., S. 35). In einem ersten Schritt erfolgt die *vor-ikonografische Analyse*. Im zu untersuchenden Bilddokument handelt es sich, nach der Farbsättigung und technischen Anmutung zu urteilen, um einen Schnappschuss mit einer Digitalkamera. Zu sehen sind in einer Halbnaheinstellung als abgebildete Bildproduzenten eine Frau mit einem Baby und ein Mann sowie zwei Hunde. Die beiden Erwachsenen im Bild sind ca. 30 Jahre alt, europäischen Phänotyps, sitzen auf dem Boden und lächeln direkt in die Kamera. Die Frau trägt ein fuchsiafarbenes Sommerkleid und hält mit beiden Händen ein schlafendes Neugeborenes auf dem Arm, das in ein weißes Tuch gehüllt ist und von dem man nur den Kopf sieht. Sie hat kastanienbraunes Haar, das in langen Wellen bis auf ihren Oberkörper fällt. Die Frau mit dem Baby ist dezent geschminkt und lächelt deutlich intensiver als der Mann neben ihr: Sie strahlt den Betrachter geradezu an.

Das Paar sitzt nahe beieinander. Der Mann zur Linken der Frau – für uns rechts von ihr zu sehen – schmiegt sich an sie. Er trägt zu seiner dunkelblauen Jeans ein hellblaues Hemd, dessen Kragen locker geöffnet ist und dessen Ärmel hochgerollt sind. Er hat blondes Haar, das oben schon etwas schütter ist. Es ist Sommer, der junge Mann und die junge Frau sitzen auf einer Decke auf dem Rasen in einer parkähnlichen, weitläufigen Landschaft, die im Bildhintergrund von einer gerade geschnittenen Hecke und Baumwerk begrenzt wird. Frau und Mann scheinen zum Schutz gegen die intensive Sonnenstrahlung unter einem Baum zu sitzen, der einen schützenden Schatten um sie wirft. Hinter den Köpfen des Paares sammelt sich das Sonnenlicht; ihre jeweils rechten Kopfseiten werden davon hell beschienen; der nicht beschattete Teil des Rasens hinter den beiden jungen Leuten erscheint auf dem Foto gleißend hell.

Mit seiner kräftigen, aber doch feinen linken Hand hält der Mann einen braunen Hund in seinem Schoß fest, einen Spaniel, der mit hechelnder Zunge etwas nach rechts aus dem Bild hinausschaut – vielleicht ist da noch jemand, der ihn ablenkt, aber wir wissen es nicht. Am linken unteren Bildrand liegt ein weiterer

Hund, ein beigefarbener Retriever, schlafend und lang ausgestreckt. Man kann ihn auf den ersten Blick nicht gut erkennen, da er teilweise verdeckt und auf dem Bild stark angeschnitten ist; es könnte sich beinahe auch um einen Flokatiteppich handeln. Die Szene wirkt alles in allem heiter und entspannt. Damit zurück zur Frage: Was ist das für eine Szenerie?

Es schließt sich als zweiter Schritt der formulierenden Interpretation eine *ikonografische Analyse* an. Der Interpret bewegt sich dabei nach wie vor innerhalb des „Ordnungsschemas" der Gesellschaft, d. h. des immanenten kommunikativen Wissens, wie etwas zu sein hat – Bohnsack (2011, S. 35) nennt dies auch „Common Sense" –, nun aber erweitert um die „auf dem Bild identifizierbaren Handlungen" und zugehörige Wissensbestände (ebd., S. 56). Die abgebildeten jungen Leute scheinen frischgebackene Eltern zu sein, die freudestrahlend ihr Baby präsentieren – eine Szene, wie man sie aus fast jedem Familienalbum kennt.[2] Das Bild ist dank intensiver Augustsonne überbelichtet, technisch also nicht perfekt.[3] Es vermittelt Ruhe und jegliche Abwesenheit von Arbeit oder Stress. Glücklicherweise schläft das Baby gerade und die Hunde sind ebenfalls mit der Situation zufrieden und ruhig. Mit etwas Kenntnis der Tagespublizistik sind die abgebildeten Personen leicht zu identifizieren. Es handelt es sich um drei Figuren der Zeitgeschichte. Die Frau ist Catherine Elizabeth Mountbatten-Windsor, die Herzogin von Cambridge, née „Kate" Middleton, der Mann an ihrer Seite ist William Arthur Philip Louis Mountbatten-Windsor, besser bekannt als Seine Königliche Hoheit Prinz William, Herzog von Cambridge und Bezieher eines bedingungslosen steuerfinanzierten Grundeinkommens in erklecklicher Höhe. Das Baby, Prince George of Cambridge, ist ihr erstes Kind und als gegenwärtige Nummer drei der Thronfolge der Stammhalter der königlichen Familie Windsor. Es ist in der Leserichtung von links nach rechts dank der Position seines Köpfchens als erste Person auf dem Bild zu sehen. Williams Vater und Georges Großvater ist der britische Thronfolger und Architekturkritiker Charles, Prince of Wales, dessen retrokonservativen Visionen von Städtebau und Gesellschaft aus eigener Feder gut dokumentiert sind (Charles 1989). Williams Mutter war die verstorbene Ex-Ehefrau von Charles, Prinzessin Diana. Der junge Herzog ist somit der Enkelsohn von Königin Elizabeth II. von Großbritannien und Nordirland, die Immobilien und einige Ländereien bewirtschaftet und weltliches

---

[2]Zur dokumentarischen Analyse von Familienfotos allgemein vgl. Bohnsack (2011, S. 73 ff.).

[3]Vgl. Böhringer et al. (2014, S. 263). Im Internet sind einige Versionen des Fotos zu sehen, in denen seine Lichteigenschaften durch digitale Nachbearbeitung verbessert worden sind.

Oberhaupt der Anglikanischen Kirche ist. Auch sie wird in nicht unerheblichem
Maße vom britischen Steuerzahler alimentiert. Den dynastischen Regeln des Landes zufolge wird William dereinst König, seine Frau Catherine Königin. George
wird wohl Nachfolger seines Vaters werden, aber das dauert noch. Der Spaniel
rechts im Bild heißt Lupo und gehört dem Herzogspaar, der schlafende Retriever ganz links heißt Tilly und gehört Catherines Eltern. Catherines Kleid stammt
von der Umstandsmodenfirma Seraphine, kostete ca. 46 britische Pfund und war
innerhalb von zwei Stunden nach Veröffentlichung des Bildes ausverkauft (der
„Kate-Effekt"; hellofashion.com 2013).

2   Reflektierende Interpretation: Wie ist das Bild zu sehen?

Auf der Ebene der reflektierenden Interpretation ist die Frage der Produktions-
kontexte des Dokumentes zu klären. *Wie* ist es in die Welt gekommen? Im Mittelpunkt steht hier das „konjunktive", implizite Wissen der Individuen und ihres
Milieus, aus dem heraus das Dokument entstanden ist (Bohnsack 2011, S. 35).
„Es geht vor allem um die Frage, welche Personen und sozialen Szenerien durch
den abbildenden Bildproduzenten, durch das Kameraauge sozusagen, in Form
des Fluchtpunktes fokussiert und somit ins Zentrum des sozialen Geschehens
gerückt" wurden (ebd., S. 57 f.). In dieser Abbildrelation zeichnet sich bereits der
„Habitus" des Dokumentes ab (ebd., S. 31).

Das Foto wurde am 19. August 2013 in Bucklebury aufgenommen, dem
Wohnsitz der Familie Middleton (Goldsmith 2013; Jones 2013). Es dürfte sich
um ihr Privatgrundstück handeln und nicht um einen öffentlichen Park, denn
die Szene ist ansonsten menschenleer und konzentriert sich ganz auf William,
Catherine und ihr Baby. Ob es sich um ein Picknick handelt, wissen wir nicht:
Es sind keine Lebensmittel oder Getränke zu sehen. Dennoch können wir die
Szene unschwer dem Genre des Picknick-Schnappschusses zuordnen.[4] Das
Bild fand sich ab dem Folgetag in zahlreichen Zeitungen, Illustrierten und Web-
portalen wieder. Freigegeben wurde das Bild vom St. James's Palace, der offiziellen Residenz der königlichen Familie, Hüter ihrer Persönlichkeitsrechte und
nicht zuletzt für ihre Presse- und Öffentlichkeitsarbeit wie auch die formale

---

[4]Zur Analyse einer stereotypen Picknickszene als Werbemotiv vgl. Bohnsack (2011,
S. 58 ff.).

Akkreditierung ausländischer Diplomaten zuständig. Das Foto war als „Public Handout" deklariert, wurde also zur freien Verwendung freigegeben und fand über die Medien große Verbreitung.[5]

Fotograf und damit abbildender Bildproduzent war Michael Middleton, der Vater von Catherine. Die Middletons sind nicht von adeliger Geburt, sondern arbeitende Angehörige der Mittelschicht, die es zu einigem Wohlstand gebracht haben, wiewohl sie im britischen Klassensystem nach wie vor als Mittelschicht gelten: Klingender als „Middleton" kann im Englischen kein Name sein.

Das Foto wurde knapp vier Wochen nach der Geburt von Prinz George freigegeben als eines der ersten offiziellen Bilder von der neuen Familie, deren Privatsphäre nach der Geburt recht weitgehend abgeschirmt worden war. Man kann sagen: Dieses Bild aus der Hand des bürgerlichen Großvaters hat vielen Paparazzi einen Strich durch die Rechnung gemacht, durchaus auch im ökonomischen Sinne. Das Haus Windsor hat mit der Veröffentlichung des scheinbar privaten Fotos aus der Hand von Michael Middleton die Interpretationshoheit um die Darstellung des Herzogspaars ostentativ in die eigenen Hände genommen und damit die Tradition gebrochen, dass private Situationen der Royals für die Medien als tabu zu gelten haben (Goldsmith 2013). Das Königshaus hat im wahrsten Sinne des Wortes ein situatives Wunschbild koproduziert. Man sieht grundsympathische junge Leute und ein Baby auf dem Bild. Man muss und soll sie mögen.

Eine *historische Einordnung* des Bildes erscheint vonnöten. Um die britische Monarchie stand es vor diesem Bild nicht zum Besten. Die Ehe von Williams Eltern, Prinz Charles und Prinzessin Diana, war in die Brüche gegangen und 1996 geschieden worden. Der Scheidungskrieg war schmutzig, währte lange und wurde in der mediatisierten Öffentlichkeit ausgetragen. Die Königin machte in diesem Drama kein gutes Bild: „The queen seemed remote and out of touch, the heir callous and selfish. Even her castle at Windsor had caught fire" (Paxman 2006, S. 193). 1992, auf einem der vielen Höhepunkten des unwürdigen Schauspiels, sprach Königin Elizabeth II. von einem *annus horribilis* für die Dynastie. Auch andere Königskinder und ihre Angetrauten verhielten sich Anfang der 1990er-Jahre nicht immer standesgemäß. Nach vollzogener Scheidung von Prinz Charles führte Prinzessin Diana ein Leben als Celebrity. 1997 starb sie bei einem Autounfall in einem dunklen Tunnel in Paris an der Seite ihres Liebhabers, eines ägyptischen Playboys und Erben. Dianas pompöser Beerdigungszug geriet zum

---

[5]Vgl. Paperboy (2013). Ein zweites freigegebenes Bildmotiv aus Bucklebury mit einem stehenden Herzogspaar fand parallel ebenfalls weite Verbreitung. Von beiden Bildmotiven wurden auch redaktionell beschnittene Versionen veröffentlicht.

Spektakel und Top-Medienereignis.[6] Die gefallene Prinzessin mutierte zur „Prinzessin der Herzen" des Volkes und zur mythischen Popikone. Sie wurde „England's Rose". Dies brachte der Sänger Elton John mit der leichten textlichen Abänderung seines Songs „Candle In the Wind" zum Ausdruck, den er exklusiv auf der Trauerfeier sang.[7] Die Rose ist auch – jedem Briten verständlich – eine mythisch-historische Allegorie auf den englischen Königsthron bzw. den Kampf um ihn („The Wars of the Roses").[8]

Das britische Königshaus dagegen stand 1997 auf dem Tiefpunkt seiner Popularität. In der öffentlichen Wahrnehmung erschien es kalt und herzlos (Hoge 1997). Die Queen musste sich dem Volkszorn ob ihres Schweigens zum Tod Dianas beugen und zeugte den Abermillionen Abschiedsblumen, die Menschen entlang des Trauerzugs gestreut hatten, eher widerwillig Respekt (Griffin und Griffin 1997; Seidler 2013, S. 100 ff.). Die Windsors erschienen seinerzeit vor allem als teurer Budgetposten, für den der Steuerzahler aufkommen musste. Nicht wenige Briten konnten sich plötzlich eine Republik vorstellen. „The End of Empire" war das Menetekel, fiel 1997 doch fast zeitgleich auch die Kronkolonie Hongkong vertragsgemäß an China zurück.[9] Doch in den Folgejahren schaffte es das Haus Windsor, die aus den Händen geratenen Narrationsstränge (Charles/Diana/Camilla, Andrew/Fergie et al.) wieder zu kontrollieren. Alles sollte gut werden, sollte wieder geordnet werden. Die „Prinzessin der Herzen" Diana entwickelte sich derweil, außerhalb der Kontrolle der Königsfamilie, geradezu zur Heiligenfigur: „Diana's failings (…) were forgotten, in favour of a picture of her as some secular saint" (Paxman 2006, S. 254).[10] Durch diese Sakralisierung per Popularvotum wandelte sich Dianas Scheitern zu einem paradoxen Erfolg (Schmitter 1999). Die für Buch- und Pressepublikationen ausgewählten posthumen Bilder von ihr wurden immer ‚englischer' im alten Sinne von: einem Engel gleichend, wovon inzwischen jede Suche im Internet beredt Auskunft gibt.

Und dann fand Dianas Sohn William Anfang der Nullerjahre seine Kate. Beide studierten an derselben Universität. Kate war zwar kein Aschenputtel, sondern eine junge Frau aus durchaus vermögendem bürgerlichem Hause, aber die Liebesgeschichte mit einigen Aufs und Abs bot genügend Stoff, um an das

---

[6]Vgl. Meckel et al. (1999); Thomas (2008) sowie Tapia (2011, S. 43 ff.).
[7]Vgl. Mergenthal (1999).
[8]Vgl. Weir (2009).
[9]Vgl. Zöllner (1997).
[10]Näher hierzu Habermas (1999).

Märchenvorbild zu erinnern – inklusive Märchenhochzeit 2011. Die Windsors erschienen nunmehr verjüngt, sexy, nett, normal, waren wieder mit dem Volk vereinigt. Selbst allerseriöseste Tageszeitungen machten seinerzeit mit dem Hochzeitsfoto auf Seite 1 auf (Paperboy 2011). Und dann kam alsbald schon der männliche Thronerbe: George, der mit seinem Namen sowohl auf eine Reihe früherer britischer Könige verweist als auch auf den Hl. Georg, den Drachentöter, den Schutzpatron Englands.

Die Märchenwelt und die christliche Überlieferung treffen sich hier also in einer narrativen Traditionslinie. Es geht um einen Sieg des Guten über das Böse, des Hellen (William/Catherine/George) über das Dunkle (Dianas Tod in der Düsternis), einen Sieg der Zukunft (Erhalt der Dynastie) über die Vergangenheit (Verfall der Monarchie). Es geht ebenso um einen – wenn auch nur symbolischen, aber sehr realen – Machtanspruch der königlichen Dynastie, die in einer konstitutionellen Monarchie immerhin die Aufgabe und das Potenzial hat, die Nation zu einigen, zu repräsentieren und Vorbild in allen Lebenslagen zu sein. Die Geburt eines Thronfolgers ist somit niemals eine private Angelegenheit. „Which is why, once safely delivered, the royal infant is displayed to his subjects. (…) This is now accomplished through television and press photographs", wie Paxman (2006, S. 52) in seiner Analyse des Königtums treffend hervorhebt. Das freudig-helle Bild vom generischen Picknick in Bucklebury übernimmt just diese Aufgabe.

Das Bild mit Catherine, William und George schafft, auf einer *ikonologisch-ikonischen Analyseebene* betrachtet, den Ordnungsrahmen, der für den eben beschriebenen symbolischen Machtanspruch nötig ist. Es bildet eine Kernfamilie ab, den Grundpfeiler jeglicher Gesellschaft. Es verweist auf Fruchtbarkeit und die Abfolge der Generationen, die Beständigkeit und Tradition garantieren. Es bringt eine Wiedergeburt oder Renaissance zum Ausdruck. Vorbei die dunklen Zeiten des dynastischen *annus horribilis* und seiner Folgejahre, die im nächtlichen Unfalltod Dianas in einem Pariser Tunnel kulminierten. Düsterer ging es seinerzeit kaum. Doch in dem hier betrachteten Bild strahlt alles. Die abgebildeten Eltern sehen blendend aus, wie man neidlos zugestehen kann, und wirken zudem sehr entspannt. Vier Wochen nach der Geburt des ersten Kindes ist das für eine junge Familie zumindest ungewöhnlich – oder eine für den fotografischen Anlass gut eingeübte Inszenierung. Erleichtert worden ist der blendende Eindruck der Familienszene sicher durch Hilfe im Hintergrund, nicht zuletzt durch eine Schar von Haushaltshilfen, für die man ökonomisches Kapital (Bourdieu 1992, S. 49 ff.) benötigt. Auch das Bild selbst ist, trotz einiger technischer Schwächen, gekonnt produziert worden.

Unterziehen wir die Szenerie von Bucklebury einer *formalen Analyse,* wird rasch deutlich, dass das Foto, das wie ein privater Schnappschuss anmutet und

Abb. 2 Umrissskizze der analysierten Fotografie mit eingezeichneten Drittellinien Eigene
Darstellung/Bearbeitung. (© Oliver Zöllner)

als solcher deklariert ist, stimmig komponiert ist. Das herzogliche Paar sitzt
ziemlich genau in der Mitte des Bildes, was das Foto zunächst etwas altbacken
erscheinen lässt. Moderne Digitalkameras leiten Fotografen automatisch zu solch
einer Bildkomposition an, die somit weit verbreitet ist und als ‚ordentlich' oder
‚normal' gelten kann. Catherine und Williams lächelnde Münder sind im Sinne
der fotogestalterischen „Drittel-Regel" an der Grenze vom ersten zum zweiten
oberen horizontalen Bilddrittel positioniert, wie Abb. 2 zeigt, was formal-kompo-
sitorisch als günstig gilt.[11] Sie sind auf einer Linie mit den nur leicht schrägen,
aber scharfen horizontalen Begrenzungen, die die Unterkanten der Büsche und
des Baumwerks im Übergang zur überbeleuchteten Wiese im Hintergrund bilden. Das untere Drittel des Bildes wird von den beiden Hunden, den Händen der

---

[11]Vgl. Böhringer et al. (2014, S. 260).

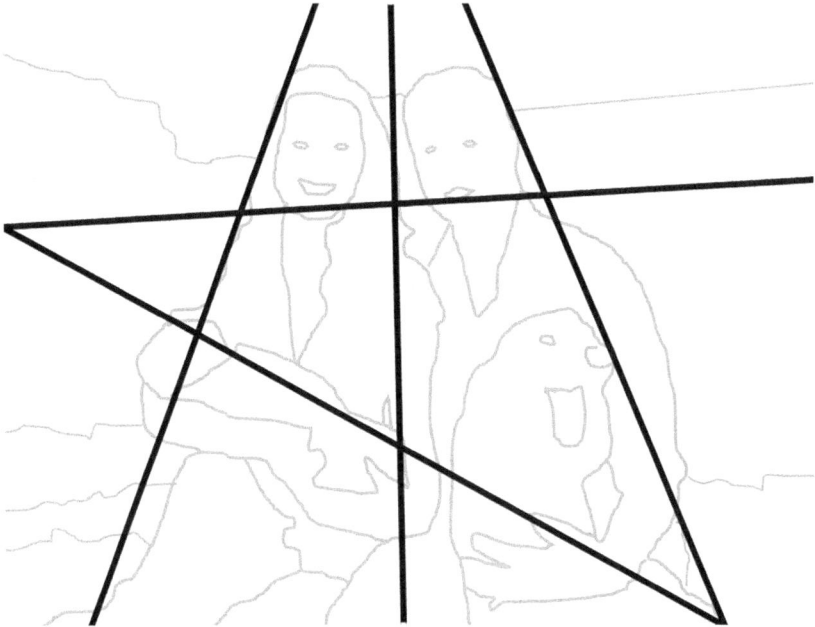

Abb. 3 Umrissskizze der analysierten Fotografie mit planimetrischen Feldlinien Eigene Darstellung/Bearbeitung. (© Oliver Zöllner)

stolzen Eltern und ihren Schößen dominiert. Es ist aber George, der in diesem Bild im Sinne der „Drittel-Regel" perfekt positioniert ist: an den Schnittpunkten der jeweils ersten und zweiten Bilddrittel von links wie auch von unten. Der Blick des Betrachters soll sich auf den kleinen Prinzen konzentrieren.

Die planimetrischen Linien,[12] die man in das Foto einzeichnen kann, haben eine dynamisch himmelwärts strebende Richtung: Sie bilden ganz klassisch ein Dreieck, an dessen Spitze die Köpfe des Paares zu sehen sind. Abb. 3 bringt dies gut zum Ausdruck. Eine weitere Linie kann am Körper des von der Mutter schräg im Arm gehaltenen Kindes entlang gezogen werden, das in der klassisch westlichen Leserichtung von links nach rechts als erste Person zu sehen

---

[12]Vgl. zur Methode Bohnsack (2011, S. 36 ff.); Imdahl (1988, S. 43 ff.); Przyborski (2018, S. 48 ff.); Przyborski und Slunecko (2012).

ist. Auf George soll der Blick des Betrachters denn auch gelenkt werden. Die
schräge Line, die durch das Kind hindurchgeht und unten rechts die Armbanduhr des Vaters schneidet, trifft sich weiter oben links mit der Horizontalachse an
einem besonders gleißend sonnenbeschienenen Stück des Rasens, dessen Glanz
in diesem Bildsegment in Catherines gut frisierte Haarwellen übergeht. Hier
leuchtet alles sehr hell. Hier ist die Zukunft: der Kernfamilie an sich, der Familie
und Dynastie Windsor, der Monarchie in Großbritannien. Williams gut sichtbare,
sicher nicht ganz billige Armbanduhr unterstreicht den Temporalitätsbezug dieser
Bildrhetorik: den überzeitlichen Anspruch der Szene, konkret die Kontinuität der
Dynastie Windsor von William zu George (und in alle Ewigkeit, so dürfen wir
vermuten).

Die Köpfe des jungen Paares sind auf dem Bild isokephalisch, also auf glei-
cher Höhe und damit Wertigkeit. In einer Genderperspektive präsentiert sich das
abgebildete Ehepaar somit modern und zeitgemäß, indem es im wahrsten Sinne
des Wortes auf Augenhöhe ist, also gleichberechtigt erscheint. Lediglich die Tat-
sache, dass es die Mutter ist, die das Baby hält, derweil der Vater die Tiere hütet
(jedenfalls eines), drückt einen gewissen Traditionalismus der Genderrollen aus.
Alles in allem verweist das Bild mit seiner Figurenkonstellation aber auf eine
Moderne, die der institutionellen Zugehörigkeit seiner Protagonisten zu einer
monarchischen, letztlich göttlich legitimierten Dynastie im Kern nicht zu eigen
ist. William, Catherine und George sind eigentlich nicht mehr zeitgemäß. Doch
solch republikanisch-aufgeklärtes Denken verbietet dieses Bildmotiv.

3   Königlicher Habitus: das „konjunktive" Wissen des royalen Milieus

Die reflektierende Interpretation hat bereits erste Ansätze zur Analyse des bild-
eigenen, in das Dokument gewissermaßen eingeschriebenen Habitus ergeben.
Diese Suche nach dem impliziten Ordnungsrahmen des Bildes, den Struktur- und
Rahmenbedingungen der Akteure und ihres Handelns in der Gesellschaft (Bohnsack 2011, S. 31), ist nunmehr zu vertiefen. Was also hat die Bildproduzenten
angeleitet? Über die zurückliegenden dunklen Zeiten der Monarchie waren sich,
so darf unterstellt werden, die königliche Familie und ihr Mitarbeiterstab im St.
James's Palace im Klaren. Dies ist das implizite, atheoretische, „konjunktive"
Wissen des royalen Milieus, aus dem heraus das Dokument letztlich entstanden
ist. Auch dem Publikum ist die Geschichte hinter der Geschichte wohl weitgehend
bekannt. Die Beisetzung Dianas 1997 allein hatte über eine Milliarde Fernseh-
zuschauer in aller Welt; die Auflagen aller Klatschgazetten, die von Geschichten

rund um die Windsors leben, sind nicht zu zählen. Der neue Orientierungsrahmen für die Sicht auf die königliche Familie und – auf einer übergeordneten Ebene – auf die Monarchie soll eine neue Lockerheit und Bürgernähe sein. Vorbei die Zeiten, als sich Könige, Königinnen und ihre Angehörigen in ordensschwangerer Uniform oder im Prachtkleid mit Diadem in einer goldenen Palastkulisse präsentierten, wie etwa Königin Elizabeth und Prinzgemahl Philip auf zahlreichen Bildern des Hoffotografen Lord Snowdon (der weiland auch die offiziellen Hochzeitsbilder von Charles und Diana produzierte). Die ‚neuen‘ Royals tragen Kleider von der Stange (zumindest Catherine, zumindest auf dem Picknickbild von Bucklebury), offene Hemdkragen und Jeans, sie sind ‚wie wir‘. Wir sollen dies jedenfalls so glauben. Das ist im Kern der Habitus des hier behandelten Bildes. Es ist ein Vor-Bild und ein Vorstellungsbild *(image)*, das nicht zeigt, „wie die Welt ist, sondern, wie sie sein kann oder sein soll" (Flusser 1996, S. 111). Es ist ein „projektives" Bild der Imagination (ebd.). Als solches erscheint es aus Sicht der PR- und Image-Theorie als „ein symbolischer Mechanismus der öffentlichen Kommunikation zur Vereinfachung unbeständiger Public Relations", wie es Rühl (1993) so griffig auf den Punkt gebracht hat. Images „fungieren (...) als repräsentative Auswahlen zur Vereinfachung und zur Erleichterung publizistischer Prozesse" (ebd., S. 69). Das Bild von Bucklebury ist Teil eines solchen Prozesses.

Die königliche Familie Windsor ist in der Tat nicht zuletzt ein publizistisches Konstrukt. Als Medienprodukt und zugleich Medienproduzentin lebt die Dynastie mit den Bildern ihrer selbst, aus diesen Bildern und von diesen Bildern. Sie ordnet und kontrolliert diese Bilder, sie ist eine PR-Unternehmung eigener Art, von der Königin selbst gern als ‚Firma‘ tituliert. Die königliche Familie übt mit Hilfe von Bildern und der dahinter stehenden Diskurse die ihr verbliebene relativ beschränkte Macht auf der symbolischen Ebene aus. Dies erfolgt durchaus im Einklang mit der ganz weltlichen britischen Außenpolitik: „Die königliche Familie hat in erster Linie repräsentative Aufgaben, sie wirkt aber bisweilen auch als Arm des Auswärtigen Amtes" (Zaschke 2016, S. 10), also des Foreign and Commonwealth Office. Dafür muss sie geordnet erscheinen.

Dieses überlieferte Herrschaftsprinzip dank „symbolischen Kapitals" (Bourdieu 2009, S. 335 ff., 2014, S. 378 ff.) basiert auf einem für höfisch-feudale Kontexte typischen „Streben nach dem größtmöglichen Profit an Ehre und Prestige" (Oswald 2004, S. 32). Die Untertanen sollen diese repräsentative Herrschaft des monarchischen Systems akzeptieren – und mit ihren Steuergeldern bezahlen. Die Windsors leben nicht schlecht auf der Basis dieses ungeschriebenen Gesellschaftsvertrags, besser jedenfalls als die allermeisten Briten. „Modern monarchy survives not by any will of its own, but by the collective delirium of its citizens (...)" (Paxman 2006, S. 103). Aber die Monarchie soll dennoch nicht länger

‚abgehoben' wirken, absolutistisch legitimiert von Gottes Gnaden wie in früheren, vormodernen Zeiten, sondern die Dynastie will wirken wie ‚eins mit uns', legitimiert durch ihre Verbundenheit und genetische Vermischung mit ‚dem Volk'. Die Middletons kommen ins Spiel: als Bürgerliche so ‚normal' und sympathisch (Llewellyn Smith 2013) und dadurch die Royals aufs Neue, aber nun eben nicht mehr göttlich-überirdisch rechtfertigend.

Dies ist die Narration, die uns das Bild vermitteln will. Es ist eine schöne Geschichte. Und ein Paradoxon: Je stärker es opportun erscheint, Könige und Thronanwärter wie ‚normale' Bürger darzustellen, desto größer wird die Einschätzung, dass die Royals eben doch anders sind. „In a perverse way this need to see that they are just like the rest of us is what feeds the belief that they are not" (Paxman 2006, S. 262). Die drei sichtbaren Protagonisten auf dem hier betrachteten Bild eignen sich für diesen Zweck geradezu perfekt. Sie sehen nicht nur grundsympathisch aus, sondern auch überdurchschnittlich attraktiv. Und dennoch verliert gerade durch diese Profanierung die Monarchie etwas von ihrem überirdischen Glanz.

4   Vergleichsfälle: komparative Analyse und motivische Einordnung

Das Bild vom neugeborenen George mit seinen Eltern und den beiden Hunden ist nicht ohne Vor-Bilder, die mittels axialer und selektiver Codierprozesse (Strauss und Corbin 1998, S. 123 ff., 143 ff.) gut erschlossen werden können. Von Prinz William gibt es aus dem Jahr 1983 ein ganz ähnliches Foto, das bis heute in der öffentlichen Imagination präsent ist. Es wurde aufgenommen bei einem königlichen Besuch der Prinzenfamilie von Wales in Neuseeland im Garten des Government House zu Auckland, als William etwa neun Monate alt war. Auf einer Picknickdecke in dem parkähnlichen Anwesen hält Prinzessin Diana, links im Bild, ihren Sohn an den Händen; rechts auf dem Bild sitzt Prinz Charles etwas ungelenk im Schneidersitz. Er trägt einen blauen Zweireiher mit Einstecktuch. Die beiden Eheleute sitzen mit deutlichem Abstand voneinander auf der Picknickdecke (Cook 2012). Wie man heute weiß, kriselte es bereits zwischen den beiden. Das Bild von William, Catherine und George 2013 korrigiert dieses ältere Vorbild gewissermaßen. Man kann sagen, es soll es heilen. Es geht hier also um diskursive Macht auf der motivischen Ebene.

Kate und William sind für solche Zwecke längst sehr versierte Bildproduzenten: So posierten sie 2016 bewusst als verliebtes Paar vor dem Taj Mahal in Agra/Indien, um das berühmte Bild der scheiternden Ehe von Williams Eltern,

1982 mit einer allein und verloren auf der Bank sitzenden Diana, aufgenommen an eben jenem Ort, auszulöschen (Doshi 2016). Die Dynastie erneuert sich auf diese Weise an einem symbolischen Ort des (versunkenen) britischen Empire. Die Vergangenheit erscheint so plötzlich wieder in einem positiven Licht. Bilder wie dieses sollen auch die bereits beschriebenen eher steifen, klassischen Ablichtungen der königlichen Familie überschreiben. Charles und Diana präsentierten ihren Erstgeborenen William im Juli 1982 noch in einem relativ aseptisch anmutenden Porträtbild mit weißem Hintergrund, das Lord Snowdon angefertigt hatte.[13]

Die hier analysierte Picknickszene von Bucklebury aus dem Jahr 2013 ist kunsthistorisch recht treffend motivisch dem Genrebild zuzuordnen, also einer Darstellung von kleinen Begebenheiten und Alltagsszenen, der lange eine „geradezu fotografische Wirklichkeitswiedergabe" zugesprochen wurde (Held und Schneider 1998, S. 115). Historische Genrebilder, etwa in der niederländischen Malerei des 17. Jahrhunderts, sollten „implizit eine erzieherische Funktion ausüben, auf Fehlverhalten aufmerksam machen und alternativ dazu Normen und Werte vermitteln" (ebd., S. 116). Dies setzt die Fotografie mit William, Catherine, George und den Hunden um, indem sie einen royalen Gestus zum Ausdruck bringt, der die Betrachter – stellvertretend für die Gesellschaft und die veröffentlichte Meinung – davon abhalten soll, der Staatsform Monarchie eine Absage zu erteilen. In Zeiten gesellschaftlicher Umbrüche und Unruhe, die von vielfältigen Prozessen der Modernisierung, von Wirtschaftskrisen und voll allgegenwärtiger Terrorgefahr bedingt sind, ist dies der stabilisierende Versuch, historisch im Grunde obsolete gesellschaftliche Ordnungen aufrecht zu erhalten bzw. sie mit neuer Strahlkraft wieder zu beleben. Just hier liegen auch die historischen Wurzeln der Genremalerei, die als „eine Reaktion auf den rapiden Wandel der sozialen und ökonomischen Verhältnisse" ihrer Zeit gewertet werden kann (ebd., S. 85). Der kunsthistorisch bedeutsame Unterschied der Fotografie von Bucklebury zur Motivik des Genrebilds ist der, dass das Bild der Herzogsfamilie eben keine ‚normalen', anonymen Menschen zeigt, sondern identifizierbare Mitglieder einer Königsdynastie. Bildrhetorisch gesehen verstärkt die Wahl der formalen Darstellungsart der Herzogsfamilie als Quasi-Genrebild also noch ihren konstruierten Habitus als nahbare ‚Menschen wie du und ich', als Bürger in der Moderne mit all ihren Umbrüchen. Doch die Windsors sind eben nicht den Untertanen *(subjects)* zugehörig, sondern der britischen Krone, die als Souverän über Großbritannien und andere Länder herrscht. Was wir sehen, ist ein Herrscherbild,

---

[13]Siehe Cliff (2017).

ein Bild von Herrschaft. Diese Ordnung soll nicht wanken. Wir sehen daher eine
„einförmige" Fotografie (Barthes 2009, S. 50).

Traditionell kennen wir dynastische Herrscherbilder eher als Darstellungen
gekrönter und adeliger Häupter in prächtigem Ornat. Noch zu ihrem 25-jährigen
Thronjubiläum 1977 ließ sich Königin Elizabeth II. zusammen mit Prinzgemahl
Philip von Lord Snowdon in Prachtkleid und mit Diadem, Schärpe und Orden
in einer Palastszenerie ablichten;[14] solche Abbildungen waren/sind keineswegs
untypisch für Herrscherhäuser weltweit. Doch etwa seit den 1990er-/2000er-Jah-
ren scheinen solche offiziellen Darstellungen zumindest in Europa einem Wandel
zu unterliegen, indem mehr und mehr Königsfamilien sich bürgerlich präsentieren bzw. inszenieren. Zu nennen sind hier etwa der niederländische Hof (Wil-
lem-Alexander und Máxima) und die Königsfamilien von Dänemark, Norwegen
und Schweden. Ihnen allen ist gemeinsam, dass Bürgerliche in sie eingeheiratet
haben. Diese konstitutionellen Monarchien in parlamentarischen Systemen
sichern damit ihren Bestand in einer Moderne, welche sie eigentlich nicht mehr
nötig hat.[15] Auch Politiker lassen sich längst in Wahlkämpfen und außerhalb
davon ‚bürgernah' ablichten: „Homestories" laden uns dazu ein, politischen
Repräsentanten beim Kaffeetrinken, Kuchenbacken oder Rasensprengen zuzu-
sehen, was letztere „vermenschlichen" und Wähler an sie binden soll (Rohowski 2009, S. 29). Immerhin hat der Bürger in republikanischen Staatswesen die
Möglichkeit, diese Politiker zu wählen oder nicht. Die königlichen Familien aber
sind nicht gewählt, sondern von höherer Stelle auserwählt worden. Sie haben in
der Moderne ein Legitimationsproblem, das sie lösen müssen.

Dieses auf die Moderne bezogene Legitimationsproblem löst das Bild der
Herzogsfamilie durch einen weiteren kunsthistorischen Rekurs, der auf Sakrali-
tät gründet und es von allen weltlichen Argumentationszwängen quasi befreit.
Nicht auszublenden ist der mythische, quasi-religiöse Bezug, den ein Bildnis wie
das von Catherine, William und George im Sommeridyll von Bucklebury besitzt.
Man kann im Motiv dieses Bildes eine Art Urbild oder Archetyp von Familie
erkennen, der Heiligen Familie zu Bethlehem nicht unähnlich: Maria und Josef
mit dem Jesuskindlein, umringt von den Tieren im Stall. In der Tat präsentiert
Catherine ihr Knäblein geradezu madonnenhaft, wohingegen William im Bild

---

[14]Siehe Hedley (1976, S. 3).

[15]Siehe hier exemplarisch das teils fotorealistisch anmutende Ölbild „Kongehuset"
(Königshaus) des dänischen Hofmalers Thomas Kluge von 2013 (in kongehuset.dk 2013),
das mit seinen vielfältigen ikonischen und historischen Bezügen eine eigenständige dokumentarische Analyse zum Thema Herrschaftsanspruch einer Monarchie wert wäre.

eher als der Hüter der Tiere (konkret: des Hundes Lupo) auftritt.[16] Es ist diese archetypische Anordnung des Bildes, seine Typologie als Sakralbild, die auch heutigen Betrachtern unbewusst zugänglich ist und uns ‚natürlich' erscheint. Die Vorstellung des Sakralen mag den Menschen in der westlichen Welt seit der industriellen Revolution mehr oder weniger abhandengekommen sein, aber für das Königtum ist sie essenziell: „Monarchy is almost the last institution in the land to which any mystique attaches. Indeed, the mystique is the most powerful guarantor of its survival" (Paxman 2006, S. 130). Dem göttlichen Prinzip ist kaum zu widersprechen. Das Sakrale bindet seine Beschauer an Ort und Stelle; es verneint das Potenzial der Hinterfragung oder Veränderung.

Die von Catherine und William eingenommene Pose hat also etwas Überzeitliches – und dies genau macht ihren letztlich als göttlich zu interpretierenden symbolischen Machtanspruch aus. Sie erscheint als „habitualisierte Alltäglichkeit" und negiert so ihre Intentionalität (Bohnsack und Przyborski 2015, S. 347 ff.). Man soll sie nicht als funktionale PR-Inszenierung erkennen, die abgebildeten Poseure sollen ganz natürlich wirken. Doch damit sind Catherine und William genau dies: entindividualisierte Figuren in einem größeren, entpersönlichten Spiel, in dem sie „petrifiziert", wie versteinert erscheinen (ebd.), eingefangen in einer langen Kette von mediatisierten Vorbildern.

5   Typenbildung: Machtdiskurse und Ordnungsposen der Simulation

Die quasi sakrale Macht der Pose der jungen Windsors hat durchaus weltliche Verwertungszusammenhänge. Königshäuser haben heute – neben ihrer offiziellen Funktion als symbolische Repräsentanten der Einheit der Nation – nicht zuletzt die Aufgabe, ein unverwechselbares Markenzeichen ihres Landes zu kreieren. Dieses Nation Branding,[17] von dem William und Kate längst ein integrierter Bestandteil sind, trägt nicht unerheblich zur Attraktivität des Landes als touristische Destination bei (VisitBritain.com 2018) und hat eine entsprechende ökonomische Relevanz, insbesondere bei Anlässen wie königlichen Geburten (Khazan 2013). Eine Finanzberatungsfirma errechnete 2017 einen Kapitalwert der britischen Monarchie als Quasi-Unternehmen von 67,5 Mrd. britischen

---

[16]Der Retriever Tilly, links unten angeschnitten im Bild, sieht einem Schaf nicht unähnlich.
[17]Zum Konzept vgl. Aronczyk (2013); Dinnie (2016).

Pfund (Brand Finance 2017). Der jährliche Beitrag der Monarchie zur britischen Wirtschaft wurde für 2017 auf 1,766 Mrd. Pfund geschätzt (ebd.). Als Verkörperungen von Soft Power[18] tragen die Royals auf der politischen Ebene dazu bei, Großbritannien im globalisierten Wettbewerb der Nationen einen sichtbaren Vorteil zu verschaffen. Die offizielle Kampagne „GREAT Britain" legt davon beredtes Zeugnis ab (Pamment 2015). Lächelnde Porträtfotos der Königin für diese Nation-Branding-Kampagne zeigen uns „not an icon but someone familiar, friendly, engaging, and frank, with her strength in its own understatement – so British a quality" (Weldon 2014). So sieht und mythisiert sich Großbritannien gerne selbst.[19] Herzogin Catherines Kleider gelten – interpretiert als „Fashion Diplomacy" – als eine Art Wundermittel britischer Public Diplomacy[20] gerade in heiklen Kontexten, etwa wenn es um alte Wunden geht, die der britische Kolonialismus zum Beispiel in Indien gerissen hat (Harwood 2017). Das Herzogspaar tritt auf als freundliche „Geheimwaffe Ihrer Majestät" und „auf ausdrücklichen Wunsch des britischen Außenministeriums" zur Verbesserung des Ansehens Großbritanniens nach dem Brexit-Votum (Zaschke 2017, S. 1). So werden denn William und Kate als öffentliche Diplomaten, Soft-Power-Instrumente und Lieferanten von Sympathie fördernden Images um die Welt geschickt (Davies 2018). Die Inszenierung ist überdeutlich: Die Royals sind für Großbritannien ein Vermögenswert; sie posieren für ein größeres Gefüge, das über sie hinausweist. Ihre Bild- und Imageproduktion überschreibt dabei historisch frühere Narrative (dynastische Krise, britischer Kolonialismus usw.).

Das hier betrachtete Bild symbolischen Kapitals hat damit auch einen zeitgenössischen Bezugsrahmen zu politischer Macht. So wie die jungen Windsors posierten und posieren auch britische Politiker im Kontext von Wahlkämpfen: mit einem entspannten, lässigen Gestus. Für ihn muss man biografisch-ökonomisch vorgebildet sein: als Angehörige einer spezifischen Klasse mit distinguierendem „kulturellem Kapital" (Bourdieu 1992, S. 56 ff.) ausgestattet.[21] Das Bild von Bucklebury erscheint zeitgenössisch somit nicht als „an image of ordinariness but of the new elite of David Cameron's Britain who dress, relax and smile with an unostentatious confidence that's actually born of huge financial security", wie

---

[18]Zum Konzept vgl. Chitty et al. (2017).

[19]Vgl. hierzu Paxman (1998); Gill (2005).

[20]Zum Konzept dieser „öffentlichen Diplomatie" oder „kulturpolitischen Öffentlichkeitsarbeit" von Staaten vgl. näher Auer (2017). Die Konzepte und Praxisfelder von Public Diplomacy, Nation Branding, Soft Power und Public Relations überlappen sich.

[21]Vgl. hierzu aus Sicht der Elitesoziologie Hartmann (2004, S. 84 ff., 117 ff.).

Jones (2013) ausführt.[22] Hinter einer solch lässigen Pose steckt das komplexe Narrativ des britischen Klassensystems.[23] Das herzogliche Paar sei in seiner Aufführung eines Mittelklasselebens dabei ungefähr so authentisch wie einst die absolutistische Königin Marie Antoinette von Frankreich in ihrer Lieblings-verkleidung als Schäferin, so Jones.[24] Die tragische Marie Antoinette in ihrem pseudo-ländlichen Musselinkleid, die die Lämmer auf ihrem Musterhof im Schlosspark von Versailles mit Parfüm einsprühen ließ, um nicht mit der Realität ihres Geruchs konfrontiert zu werden, wirkt auf uns heute abgehoben und ent-rückt: wie ein Fake, das auf einer Simulation beruht.[25]

Kate und William simulieren eine ganz ähnliche Nähe zum einfachen Volk. Die Schnappschussartigkeit des Bildes soll dies authentifizieren. Die Royals bedienen damit in der unübersichtlichen Gegenwart eine gesellschaftliche Sehn-sucht und verkörpern eine herrschaftliche Ordnung, die attraktiv erscheint: „those who pay the taxes expect their royalty to make them feel good about themsel-ves" (Paxman 2006, S. 193). Solange wir uns mit Kate und William und ihrem geerbten Reichtum identifizieren, müssten wir uns scheinbar um nichts Sor-gen machen, meint Jones. Ihr Bild tröste uns, denn im Zeitalter von globalem Terrorismus, Wirtschaftskrisen, neuen Migrationsmustern und anderen Heraus-forderungen hätten wir Angst: „It is anxiety that gives birth to conservatism. This is a portrait of our frightened age" (Jones 2013). Abbildungen des herzoglichen Paares bei ihrer Inszenierung des banal Bürgerlichen erlauben uns somit einen Moment der Furchtlosigkeit und Rückversicherung.

Diese Inszenierung operiert zwar mit Zeichen des Realen (eine Durch-schnittsfamilie ‚wie wir' beim Picknick), hat aber mit dieser empirisch abbild-baren Realität nichts gemein. Es handelt sich um eine Simulation. Im Sinne Baudrillards (1991) ließe sich formulieren: Dieses Picknick hat nicht statt-gefunden, obwohl es ein Abbild von ihm gibt. Es gab auch in der Tat nichts zu essen oder jedenfalls ist davon auf dem Foto nichts zu sehen. Die Szenerie von Bucklebury ist somit, moralphilosophisch ausgedrückt, eine „deceptive

---

[22]David Cameron, konservativer Premierminister von 2010 bis 2016, der für Pressefotos gerne und häufig mit seiner Familie posierte.

[23]Vgl. hierzu einführend Marwick (2003, S. 94 ff.).

[24]Siehe ein entsprechendes Porträt der Königin von Elisabeth-Louise Vigée-LeBrun von 1783, in: Trey (2018).

[25]Zum Konzept von Simulation und Hyperrealität vgl. grundlegend Baudrillard (1978, S. 7–69).

misrepresentation" bzw. perfekter „bullshit" (Frankfurt 2005, S. 6 f.). Sie lügt nicht, ist aber von vornherein auf Täuschung angelegt.

Als „bullshit" ist das analysierte Bild für eine auf sanfte Überredung und Public Relations basierte Herrschaftsform, wie sie modernen westlichen Gesellschaften nicht fremd ist, kongenial. Mit Imdahl (1986, S. 91) lässt sich im Kontext moderner Kunst argumentieren, dass „die im Bewußtsein des Beschauers zu erweckende Vorstellung von etwas wichtiger (ist) als dessen empirisch bestimmte Abbildlichkeit". Bilder können sich an die Imagination angleichen und auf diese Weise Formen virtueller Realität erschaffen (Wiesing 2005, S. 107 ff.). Dies legt letztlich das Dilemma jeglichen Abbilds – und in einem erweiterten Sinne auch der Postmoderne – offen: „Wie richtig ist das Falsche oder wie falsch ist das Richtige?" (Imdahl 1986, S. 96). Oft trifft, ikonisch argumentiert, beides zu. So auch hier. Die Rezipienten derartiger Bildwerke haben sich im digitalen Medienzeitalter längst an ein solches Chiaroscuro oder Helldunkel „artifizieller" bildlicher Präsenzen (Wiesing 2005) gewöhnt. Die Picknick-Szene von Bucklebury fängt es 2013 ordentlich und ordnend ein. Dies gelingt um den Preis kitschiger „Klebrigkeit" des Motivs, das „fast laszive Lässigkeit" und „süßliche Nachgiebigkeit des zustimmenden Lächelns" demonstriert (Giesz 1971, S. 41).[26]

6 Conclusio und Ausblick: Die herrschaftliche Ordnung der Bilder – ein Theorieansatz

Als Betrachter ahnen wir, keineswegs naiv, wie trügerisch das Abbild der herzoglichen Familie im Park ist. Bilder dieser Art sind dennoch Ausdruck der Suche nach einer Rückversicherung und muten sakral an. Die Gegenwart ist unsicher genug. Bilder wie das hier analysierte sind Genrebilder des Medienzeitalters. Sie schauen die Betrachter im Sinne prämoderner Bildrhetorik an und geben ihnen mit ihrem royalen, imperativen Gestus Hinweise, wie sie sich verhalten sollen. Die Betrachter/Rezipienten versenken sich gewissermaßen in solche Bilder und wollen immer mehr von ihnen: William, Kate, Harry, Meghan und andere Blaublütige – diese fast schon industrielle Bildproduktion läuft auf Hochtouren (Kahlweit 2018). Die Herzogsfamilie hat in den letzten Jahren eine Vielzahl von Bildern geliefert, auch solche mit ihrem zweiten und ihrem dritten Kind. Sie sind wie

---

[26]Zum Kitschdiskurs vgl. Flusser (1996, S. 113 f.) sowie die Beiträge in Pross (1985).

das Fruchtwasser des Königtums, „the amniotic fluid of royalty" (Paxman 2006, S. 259). Catherine und William gehen auf Reisen, um gezielt Bilder zu produzieren, die Großbritannien, wirtschaftliche Interessen des Landes und die Permanenz der Dynastie miteinander verknüpfen. Sie erschaffen Realitäten eigener Art.

2016 war Catherine auf dem Titel der Modezeitschrift „Vogue" abgebildet, worauf sich eine gesellschaftliche Debatte entspann, inwieweit es gerechtfertigt sei, die Bilder diese Serie in der National Portrait Gallery auszustellen bzw. ob sie überhaupt als Kunst zu werten seien (Jones 2016). Dieser Kunstdiskurs rund um royale Bilder ist von zentraler Bedeutung. In Bildern von Königen und Thronanwärtern offenbart sich das erhaben Geheimnisvolle, das der Aufklärung und der Kritik entrückt zu sein scheint. Die Bilder laden das Königtum mit Legitimation und *likability* auf, die Abgebildeten wiederum laden die Bilder weit über ihren medialen und ökonomischen Verwertungszusammenhang auf: „Royalty and mass media are made for each other. The first is based upon mystery and the second upon disclosure" (Paxman 2006, S. 259). Das quasi Sakrale des royalen Bildmotivs wird durch die Orientierung an bürgerlichen Formen allerdings auch profaniert und veralltäglicht, zugleich das sakrale Entrücktsein der abgebildeten Bildprotagonisten dadurch aber noch betont. Abb. 4 fasst dieses paradoxe Verhältnis zusammen.

Mit Bildnissen wie der Szenerie von Bucklebury werden die Betrachter eingefügt in eine quasi natürliche, mithin göttliche, also nicht mehr zu hinterfragende Ordnung. So sollen sie leben: zufrieden an ihrem Platz. Dies stellt nicht nur die schon oft gestellte Frage nach der Rolle und der Funktion des Königtums, sondern auch erneut die Frage nach der Rolle der Medien in der Gesellschaft. Beide Institutionen erscheinen als Funktionssysteme für die Stabilität der Gesellschaft.

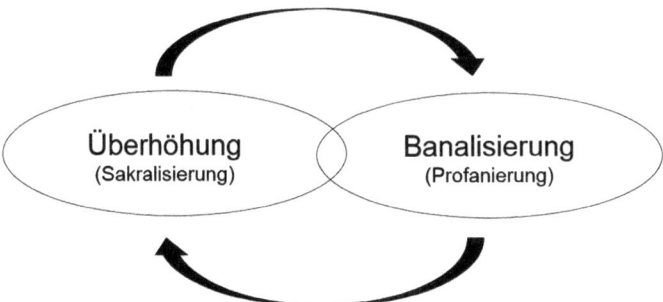

Abb. 4 Schema des paradoxen Verhältnisses von Überhöhung und Banalisierung der analysierten Fotografie Eigene Darstellung. (© Oliver Zöllner)

Insofern nimmt es nicht Wunder, dass nachgewiesen werden konnte, dass die britische Regierung in den 1980er-Jahren Babyfotos von Prinz William gezielt einsetzen wollte, um unliebsame Themen wie Proteste gegen die atomare Aufrüstung aus der Medienagenda und der Berichterstattung zu verdrängen (Travis 2016).

Die sorgfältig kuratierten Bild-Performances des Herzogpaares erscheinen als ein mediales Kunstprodukt. Sie greifen auf tradierte ikonische Formen und auf kulturelles Kapital zurück, bringen sie in eine symbolische Form und generieren ökonomisches Kapital wie auch einen symbolischen weltlichen und überzeitlichen Herrschaftsanspruch, der zugleich von diesen Kapitalien produziert wird, also in sie eingeschrieben ist. Diese Macht drückt sich in einem spezifischen Habitus aus. In unsicheren, instabilen Zeiten sind gerade solche Abbilder des royalen Glamours wohl sehr notwendig. Es sind Bilder des Erfolges einer Monarchie, die vorherige Bilder und Narrative von deren (partiellem) Scheitern überschreiben, paradoxerweise dabei aber auf das prinzipielle Scheitern der historisch überlebten, ehedem göttlich begründeten Staatsform Monarchie verweisen. Fotografien wie das hier analysierte Bild transportieren weitaus mehr Informationen, als auf den ersten Blick sichtbar sind. Sie erscheinen „as a force with a crucial job to do in terms of properly introducing us to a planet that we keep conceitedly and recklessly assuming that we know rather well already" (de Botton 2014, S. 122).

Die dokumentarische Methode erscheint gut geeignet, diese opaken und latenten Bedeutungsschichten freizulegen. Mit ihrer Verknüpfung ikonografischer, ikonologischer und eben auch ikonischer Analyseebenen mit dem Habitus-Konzept geht sie über bisherige, letztlich auf Standardisierung und Quantifizierung zielende Verfahren der „visuellen Inhaltsanalyse" (Geise und Rössler 2012) deutlich hinaus.[27] Methodologisch gesehen bleibt allerdings die unzureichende intersubjektive Replizierbarkeit und Objektivierbarkeit einer Bildanalyse mittels der dokumentarischen Methode ihr Schwachpunkt. Daran wird weiter zu arbeiten sein.

Literatur

Aronczyk, Melissa (2013): Branding the Nation: The Global Business of National Identity. Oxford, New York: Oxford University Press.
Auer, Claudia (2017): Theorie der Public Diplomacy. Sozialtheoretische Grundlegung einer Form strategischer Kommunikation. Wiesbaden: Springer VS.

---

[27]Vgl. auch Grittmann (2001); Rössler (2001) sowie die Beiträge in Petersen und Schwender (2011), die teils qualitative, teils quantitative Ansätze der Bildanalyse darlegen.

Barthes, Roland (2009): Die helle Kammer. Bemerkung zur Photographie. Frankfurt am Main: Suhrkamp.

Baudrillard, Jean (1978): Agonie des Realen. Berlin: Merve.

Baudrillard, Jean (1991): La guerre du Golfe n'a pas eu lieu. Paris: Editions Galilée.

Böhringer, Joachim/Bühler, Peter/Schlaich, Patrick/Sinner, Dominik (2014): Kompendium der Mediengestaltung. I. Konzeption und Gestaltung. 6. Aufl. Berlin, Heidelberg: Springer Vieweg.

Bohnsack, Ralf (2010): Rekonstruktive Sozialforschung. Einführung in qualitative Methoden. 8. Aufl. Opladen, Farmington Hills: Budrich.

Bohnsack, Ralf (2011): Qualitative Bild- und Videointerpretation. Die dokumentarische Methode. 2. Aufl. Opladen, Farmington Hills: Budrich.

Bohnsack, Ralf/Michel, Burkard/Przyborski, Aglaja (2015): Dokumentarische Bildinterpretation. In: dies. (Hrsg.): Dokumentarische Bildinterpretation. Methodologie und Forschungspraxis. Opladen, Berlin, Toronto: Budrich, S. 11–31.

Bohnsack, Ralf/Przyborski, Aglaja (2015): Pose, Habitus und Lifestyle in der Ikonik. In: Ralf Bohnsack/Burkard Michel/Aglaja Przyborski (Hrsg.): Dokumentarische Bildinterpretation. Methodologie und Forschungspraxis. Opladen, Berlin, Toronto: Budrich, S. 343–363.

Bourdieu, Pierre (1992): Die verborgenen Mechanismen der Macht. Schriften zu Politik und Kultur 1 (Margareta Steinrücke, Hrsg.). Hamburg: VSA.

Bourdieu, Pierre (2009): Entwurf einer Theorie der Praxis auf der ethnologischen Grundlage der kabylischen Gesellschaft. 2. Aufl. Frankfurt am Main: Suhrkamp.

Bourdieu, Pierre (2014): Die feinen Unterschiede. Kritik der gesellschaftlichen Urteilskraft. 24. Aufl. Frankfurt am Main: Suhrkamp.

Bourdieu, Pierre/Wacquant, Loïc J. D. (2013): Die Ziele der reflexiven Soziologie. Chicago-Seminar, Winter 1987. In: dies.: Reflexive Anthropologie. 3. Aufl. Frankfurt am Main: Suhrkamp, S. 95–249.

Brand Finance (2017): Monarchy 2017: The Annual Report on the Value of the British Monarchy. November 2017, URL: www.brandfinance.com/images/upload/bf_monarchy_report_2017.pdf.

Charles, Prince of Wales (1989): A Vision of Britain: A Personal View of Architecture. London, New York, Toronto, Sydney, Auckland: Doubleday.

Chitty, Naren/Ji, Li/Rawnsley, Gary D./Hayden, Craig (Hrsg.) (2017): The Routledge Handbook of Soft Power. London, New York: Routledge.

Cliff, Martha (2017): Family Life with Diana and Capturing the Queen's Smile: The Photographic Legacy Lord Snowdon Leaves As He Passes Away At the Age of 86. In: Daily Mail Online, 13.1. URL: http://www.dailymail.co.uk/femail/article-4117750/Family-life-Diana-capturing-Queen-s-smile-photographic-legacy-Lord-Snowdon-leaves-passes-away-age-86.html.

Cohen, Akiba A./Boudana, Sandrine/Frosh, Paul (2018): You Must Remember This: Iconic News Photographs and Collective Memory. In: Journal of Communication, Bd. 68, 453–479.

Cook, Megan (2012): Royal Family – Royal Tours. In: Te Ara – the Encyclopedia of New Zealand, 20.6. URL: http://www.TeAra.govt.nz/en/photograph/33163/charles-diana-and-william-1983.

Davies, Caroline (2018): Crown Jewel: The Soft Power of William and Kate's Nordic Visit. In: The Guardian Online, 27.1. URL: www.theguardian.com/uk-news/2018/jan/27/crown-jewel-william-and-kate-nordic-royal.

de Botton, Alain (2014): The News: A User's Manual. London u. a.: Hamilton/Penguin.

Dinnie, Keith (2016): Nation Branding: Concepts, Issues, Practice. 2nd ed. London, New York: Routledge.

Doshi, Vidhi (2016): Duke and Duchess of Cambridge Retrace Steps of Diana Visit to Taj Mahal: Prince William and His Wife Pictured On the ‚Diana bench‘ in Front Of the Taj Mahal In Agra, India. In: The Guardian Online, 16.4. URL: www.theguardian.com/uk-news/2016/apr/16/duke-and-duchess-of-cambridge-visit-taj-mahal-in-echo-of-princess-diana-trip.

Flusser, Vilém (1996): Kommunikologie (Schriften, Bd. 4). Mannheim: Bollmann.

Frankfurt, Harry G. (2005): On Bullshit. Princeton, Oxford: Princeton University Press.

Geise, Stephanie/Rössler, Patrick (2012): Visuelle Inhaltsanalyse. Ein Vorschlag zur theoretischen Dimensionierung der Erfassung von Bildinhalten. In: Medien und Kommunikationswissenschaft, 60. Jahrg., 341–361.

Giesz, Ludwig (1971): Phänomenologie des Kitsches (Theorie und Geschichte der Literatur und der schönen Künste, Bd. 17). 2. Aufl. München: Fink.

Gill, A. A. (2005): The Angry Island: Hunting the English. London: Weidenfeld and Nicolson.

Griffin, Jasper/Griffin, Miriam (1997): Show Us You Care, Ma'am. In: The New York Review of Books Online, 9.10. URL: https://www.nybooks.com/articles/1997/10/09/show-us-you-care-maam/.

Grittmann, Elke (2001): Fotojournalismus und Ikonographie. Zur Inhaltsanalyse von Pressefotos. In: Werner Wirth/Edmund Lauf (Hrsg.): Inhaltsanalyse: Perspektiven, Probleme, Potentiale. Köln: von Halem, 262–279.

Goldsmith, Belinda (2013): Prince William and Kate Release Family Snapshots of Baby George. In: Reuters.com, 20.8. URL: https://www.reuters.com/article/us-britain-royal-photos/prince-william-and-kate-release-family-snapshots-of-baby-george-idUSBRE97I11620130820.

Habermas, Rebekka (1999): The People's Princess: Heiligenverehrung und Marienkult. In: Sabine Berghahn/Sigrid Koch-Baumgarten (Hrsg.): Mythos Diana. Von der Princess of Wales zur Queen of Hearts. Gießen: Psychosozial-Verlag, S. 107–116.

Hartmann, Michael (2004): Elitesoziologie. Eine Einführung. Frankfurt am Main, New York: Campus.

Harwood, Erika (2017): Kate Middleton's Outfit Made a Diplomatic Statement at the Latest Royal Event: The Duchess Attended a Reception to Celebrate Britain's Ties with India on Monday Night. In: Vanity Fair Online, 27.2. URL: www.vanityfair.com/style/2017/02/kate-middleton-anita-dongre-fashion-diplomacy.

Hedley, Olwen (1976): The Queen's Silver Jubilee: A Pictorial Souvenir to Commemorate the 25th Anniversary of the Queen's Accession to the Throne and to Pay Tribute to Her Majesty for Her Inestimable Services to Great Britain and the Commonwealth. London: Pitkin Publications.

Held, Jutta/Schneider, Norbert (1998): Sozialgeschichte der Malerei vom Spätmittelalter bis ins 20. Jahrhundert. 2. Aufl. Köln: DuMont.

hellofashion.com (2013): Kate Middleton's Seraphine Dress Sells Out In Just Two Hours. In: Hello! Online, 21.8. URL: https://fashion.hellomagazine.com/fashionnews/201308211444/kate-middleton-seraphine-dress-sold-out/.

Hoge, Warren (1997): Responding to Britain's Sorrow, Queen Will Address the Nation. In: New York Times Online, 5.9. URL: https://www.nytimes.com/1997/09/05/world/responding-to-britain-s-sorrow-queen-will-address-the-nation.html.

Imdahl, Max (1986): Edouard Manets "Un Bar aux Folies-Bergère" – Das Falsche als das Richtige. In: ders. (Hrsg.): Wie eindeutig ist ein Kunstwerk? Köln: DuMont, 75–102.

Imdahl, Max (1988): Giotto. Arenafresken. Ikonographie – Ikonologie – Ikonik. 2. Aufl. München: Fink.

Imdahl, Max (2006): Ikonik. Bilder und ihre Anschauung. In: Gottfried Boehm (Hrsg.): Was ist ein Bild? 4. Aufl. Paderborn: Fink, S. 300–324.

Jones, Jonathan (2013): The Royal Baby Pictures Show Privilege Trying, and Failing, to Look Normal. In: The Guardian Online, 20.8. URL: www.theguardian.com/commentisfree/2013/aug/20/royal-baby-pictures-william-kate-george.

Jones, Jonathan (2016): Kate's Vogue Shots Shouldn't Be In a Gallery. They're Not Art. In: The Guardian Online, 2.5. URL: https://www.theguardian.com/commentisfree/2016/may/02/kate-middleton-vogue-national-portrait-galllery-art-duchess-of-cambridge-portraits-monarchy.

Kahlweit, Cathrin (2018): Bitte eine Szene. Das Publikum kriegt nicht genug von den Royals. Nun startet ein Streamingportal über Königshäuser. Deckt das den Bedarf? In: Süddeutsche Zeitung, 74. Jahrg., Nr. 142 (23./24.6.), 44.

Khazan, Olga (2013): Is the British Royal Family Worth the Money? The Monarchy Appears to Bring In As Much In Tourist Revenue As They Cost, At Least In Years with Familial Events Like Births. In: The Atlantic Online, 23.7. URL: https://www.theatlantic.com/international/archive/2013/07/is-the-british-royal-family-worth-the-money/278052/.

kongehuset.dk (2013): Nyt portræt af den kongelige familie. In: Kongehuset. Det danske kongehus, 15.11. URL: http://kongehuset.dk/menu/nyheder/nyt-portrat-af-den-kongelige-familie.

Llewellyn Smith, Julia (2013): Why We Should All Be Grateful [for] the Middletons. The Solidly Middle-class Middletons Have Something the Windsors Need – a Simple, Loving Family Life That Can Rejuvenate the Monarchy. In: The Telegraph Online, 27.7. URL: www.telegraph.co.uk/news/uknews/kate-middleton/10206085/Why-we-should-all-be-grateful-the-Middletons.html.

Mannheim, Karl (1980): Strukturen des Denkens (David Kettler, Hrsg.). Frankfurt am Main: Suhrkamp.

Marwick, Arthur (2003): British Society Since 1945. 4th ed. London u. a.: Penguin.

Meckel, Miriam/Kamps, Klaus/Rössler, Patrick/Gephart, Werner (1999): Medien-Mythos? Die Inszenierung von Prominenz und Schicksal am Beispiel von Diana Spencer. Mit einem Beitrag von Anne Cooper-Chen. Opladen, Wiesbaden: Westdeutscher Verlag.

Mergenthal, Silvia (1999): „Goodbye, England's Rose": Diana und die Monarchie. In: Sabine Berghahn/Sigrid Koch-Baumgarten (Hrsg.): Mythos Diana. Von der Princess of Wales zur Queen of Hearts. Gießen: Psychosozial-Verlag, S. 159–174.

Oswald, Marion (2004): Gabe und Gewalt. Studien zur Logik und Poetik der Gabe in der frühhöfischen Erzählliteratur. Göttingen: Vandenhoeck und Ruprecht.

Pamment, James (2015): ,Putting the GREAT Back Into Britain': National Identity, Public-Private Collaboration and Transfers of Brand Equity in 2012's Global Promotional Campaign. In: The British Journal of Politics and International Relations, Bd. 17, 260–283.

Panofsky, Erwin (1955): Meaning in the Visual Arts: Papers In and On Art History. Garden City: Doubleday-Anchor.

Paperboy (2011): UK Newspaper Front Pages for Saturday, 30 April 2011. URL: https://www.thepaperboy.com/uk/2011/04/30/front-pages-archive.cfm.

Paperboy (2013): UK Newspaper Front Pages for Tuesday, 20 August 2013. URL: www.thepaperboy.com/uk/2013/08/20/front-pages-archive.cfm.

Paxman, Jeremy (1998): The English: A Portrait of a People. London: Michael Joseph.

Paxman, Jeremy (2006): On Royalty. London: Viking.

Petersen, Thomas/Schwender, Clemens (Hrsg.) (2011): Die Entschlüsselung der Bilder. Methoden zur Erforschung visueller Kommunikation. Ein Handbuch. Köln: von Halem.

Pross, Harry (Hrsg.) (1985): Kitsch. Soziale und politische Aspekte einer Geschmacksfrage. München: List.

Przyborski, Aglaja (2018): Bildkommunikation. Qualitative Bild- und Medienforschung. Berlin: de Gruyter Oldenbourg.

Przyborski, Aglaja/Slunecko, Thomas (2012): Linie und Erkennen: Die Linie als Instrument sozialwissenschaftlicher Bildinterpretation. In: Journal für Psychologie, 20. Jahrg., Nr. 3, URL: https://www.journal-fuer-psychologie.de/index.php/jfp/article/view/239/285.

Rössler, Patrick (2001): Visuelle Codierung und Vielfalts-Analysen auf Mikroebene. Kategorisierungs- und Auswertungsstrategien für die ikonographische Untersuchung journalistischer Berichterstattung. In: Werner Wirth/Edmund Lauf (Hrsg.): Inhaltsanalyse: Perspektiven, Probleme, Potentiale. Köln: von Halem, 140–156.

Rohowski, Tina (2009): Das Private in der Politik. Politiker-Homestories in der deutschen Unterhaltungspresse. Wiesbaden: VS.

Rühl, Manfred (1993): Images – Ein symbolischer Mechanismus der öffentlichen Kommunikation zur Vereinfachung unbeständiger Public Relations. In: Wolfgang Armbrecht et al. (Hrsg.): Image und PR. Kann Image Gegenstand einer Public Relations-Wissenschaft sein? Opladen: Westdeutscher Verlag, 55–71.

Schmitter, Elke (1999): Scheitern als Erfolg: Die Paradoxien der Lady Diana. In: Sabine Berghahn/Sigrid Koch-Baumgarten (Hrsg.): Mythos Diana. Von der Princess of Wales zur Queen of Hearts. Gießen: Psychosozial-Verlag, S. 67–82.

Seidler, Victor Jeleniewiski (2013): Remembering Diana: Cultural Memory and the Reinvention of Authority. Basingstoke, New York: Palgrave Macmillan.

Strauss, Anselm/Corbin, Juliet (1998): Basics of Qualitative Research: Techniques and Procedures for Developing Grounded Theory. 2nd ed. Thousand Oaks, London, New Delhi: Sage.

Tapia, Ruby C. (2011): American Pietàs: Visions of Race, Death, and the Maternal. Minneapolis, London: University of Minnesota Press.

Trey, Juliette (2018): Les collections: Marie-Antoinette, reine de France (1755-1793). Château de Versailles, URL: http://collections.chateauversailles.fr/?permid=permobj_833f67a9-1bc3-4ed4-87a4-3322d6762e6c#5aa5169e-662d-49f5-a451-7ec779e1fe6b.

Thomas, James (2008): From People Power to Mass Hysteria: Media and Popular Reactions to the Death of Princess Diana. In: International Journal of Cultural Studies, Bd. 11, 362–376.

Travis, Alan (2016): Revealed: Thatcher Aide Wanted to Use Prince William to Hobble CND. In: The Guardian Online, 21.7. URL: www.theguardian.com/politics/2016/jul/21/margaret-thatcher-officials-plan-cnd-protests-prince-william.

VisitBritain.com (2018): William und Kate. Besuchen Sie die Orte Großbritanniens, die im Leben von Prinz William und Kate Middleton eine wichtige Rolle spiel(t)en... In: VisitBritain.com, URL: https://www.visitbritain.com/de/de/konigliches-grossbritannien/william-und-kate#a2JzI48Sy1fl0K4L.97.

Weir, Alison (2009): Lancaster and York: The Wars of the Roses. London: Vintage Books.

Wiesing, Lambert (2005): Artifizielle Präsenz. Studien zur Philosophie des Bildes. Frankfurt am. Main: Suhrkamp.

Weldon, Fay (2014): The Portrait of Majesty: David Bailey Photographs Queen Elizabeth in Support of Britain's GREAT Campaign. In: Harper's Bazaar Online, 8.5. URL: www.harpersbazaar.com/culture/features/a2303/queen-elizabeth-great-campaign-smiling-portrait/.

Zaschke, Christian (2016): Kränze, Kuchen, Panzernashorn. Beim Besuch von Kate und William in Indien und Bhutan zeigt sich mal wieder: Royale Reisen sind wichtig – besonders wegen der Bilder. In: Süddeutsche Zeitung, 72. Jahrg., Nr. 87 (15.4.), 10.

Zaschke, Christian (2017): Geheimwaffe Ihrer Majestät. Prinz William und Ehefrau Kate besuchen Deutschland und Polen – sie sollen das Ansehen Britanniens aufpolieren. In: Süddeutsche Zeitung, 73. Jahrg., Nr. 161 (15./16.7.), 1.

Zöllner, Oliver (1997): Abschied von Hongkong. BFBS schließt Studio in der Kronkolonie. In: Rundfunk und Geschichte, 23. Jahrg., 253–254.

Zwischen Pokal und Hospital. Versuch über eine von der kognitiven Metapherntheorie inspirierte Bildanalyse

Rudolf Schmitt

Nach den ersten in der Literatur dokumentierten Ergänzungen der Metaphern-analyse durch die metaphorische Interpretation von Artefakten wird anhand von Forcevilles Analysen von visueller Werbung und Filmen deutlich, dass der Metaphernbegriff von Lakoff und Johnson sich keineswegs auf sprachliche Metaphern beschränkt und sich auf alle Modalitäten menschlicher Erfahrungen bezieht. Forceville schlägt statt einer weiteren und rein visuellen eine multimodale Analyse metaphorischer Gehalte von symbolischen Äußerungen vor. Eine Möglichkeit, die Sinngehalte solcher komplexen Situationen zu rekonstruieren, stellt die szenische Hermeneutik nach Alfred Lorenzer dar. Anhand der Analyse einer internetbasierten bildgestützten Reportage eines Motorradrennens wird das praktische Vorgehen einer um szenische Analysen erweiterten multimodalen Metaphernanalyse vorgestellt. Kernstück der Analyse sind neben dem Text der Reportage zwei Fotografien des Rennens, welche den Grenzpunkt zwischen Scheitern und Gelingen ins Bild setzen.

1 Einführung: Von der Metaphernanalyse zu einer Analyse von Bildern

Der folgende Werkstattbericht aus der Methodenentwicklung ist dadurch moti-viert, dass in manchen Untersuchungen mit der Methode der systematischen Metaphernanalyse auch textfremde Materialen hinzugezogen wurden: Unter

R. Schmitt (✉)
Hochschule Zittau/Görlitz, Görlitz, Deutschland
E-Mail: r.schmitt@hszg.de

© Springer Fachmedien Wiesbaden GmbH, ein Teil von Springer Nature 2019   117
M. Junge (Hrsg.), *Das Bild in der Metapher*,
https://doi.org/10.1007/978-3-658-24562-7_8

anderem hat Schachtner (1999) nach den Interviews mit den von ihr befragten HausärztInnen diese auch gebeten, ein Bild für sich und ihr Handeln zu zeichnen. Hroch (2005) hat in ihrer Organisationsanalyse ethnografische Beobachtungen aus ihren Feldforschungsphasen mit in die Metaphernanalyse übernommen, so Details der Wandbilder und des Schreibtisches eines Firmengründers mit Kampf-flugzeug-Modellen, die zur Selbstdarstellung des Gründers und seiner Firma als kämpfende Truppe passte. Unabhängig von einer sozialwissenschaftlichen Metaphernanalyse gibt es Ansätze, die von der kognitiven Linguistik postulier-ten Schemata und metaphorischen Übertragungen in Mimik und Gestik nach-zuzeichnen (Cienki und Müller 2008). Die Frage liegt also nahe, ob sich die Analyse von Bildern in systematischer Weise in Metaphernanalysen integrieren lässt.

Nun gibt es zwei Möglichkeiten, aus der Perspektive der kognitiven Linguistik die Aufgabe der Tagung zu lösen, Bilder für Erfolg und Scheitern zu diskutieren: Man könnte zunächst die von Lakoff und Johnson (1980, 1999, 2018) formulier-ten Schemata und einfachsten metaphorischen Konzepte vorstellen und ihr Vor-handensein in Bildern zeigen: Das räumliche Schema von „oben" und „unten" bietet sich für Erfolg und Scheitern unmittelbar an, auch die Metaphorik von Licht und Schatten. Die Metaphorik des Besitzes lässt sich im Hinblick auf seine Zer-störung oder Fehlen im Hinblick auf soziales Gelingen und Scheitern in Bildern finden, die Maschinen-Metaphorik in der Darstellung technischer Triumphe und zerstörter Wracks. Reinheit und Schmutz lassen sich ebenso als sinnliche Quell-bereiche zur Bebilderung sozialen (Miss-)Erfolgs nutzen. Das Balance-Schema und sein Gegenteil, der Sturz, nutzen die vorsprachliche elementare Erfahrung, sich (nicht) auf den Beinen halten zu können, als Muster späterer (Nicht-) Gelingenserfahrungen. Auch Kampf (als Sieg/Niederlage) zählt zu diesen binär aufgebauten Schemata und einfachsten Metaphern, die Erfolg und Scheitern visu-alisieren können. Komplexer wären drei- und mehrteilige metaphorische Muster, so das Link-Schema, das zwischen sozialer Bindungslosigkeit und Verstrickung einen mittleren Raum guter "Eingebundenheit" konstruiert; oder das Ursprung-Pfad-Ziel-Schema als komplexeres und als zwischen Erfolg und Scheitern ver-mittelndes prozessorientiertes Schema des Wegs – Umwege, Abwege, Sackgassen und Königswege. Diese alltagssprachlichen Metaphern scheinen die Frage des Scheiterns direkter zu adressieren als Theorien der Soziologie (Junge 2004).

Eine Herangehensweise, die diese Schemata und Metaphern in Bildern sucht, würde jedoch in deduktiver Weise diese Muster voraussetzen. Das wäre das Gegenteil einer hermeneutisch und systematisch vorgehenden Metaphernanalyse, die metaphorisch gebrauchte Formulierungen kontextgerecht zu identifizieren und ihre inneren lokalen Sinn-Zusammenhänge nachzuzeichnen versucht.

Damit fokussiert sich die Aufgabe dieses Textes auf die zweite Möglichkeit: Lässt sich eine von der kognitiven Linguistik inspirierte sozialwissenschaftliche Hermeneutik der Analyse von Bildern des Erfolgs und des Scheiterns entwickeln?

2   Forceville: die kognitive Metapherntheorie visuell erweitern

Forceville (2008; vgl. Forceville 1996, 2016) hat darauf hingewiesen, dass der Metaphernbegriff von Lakoff und Johnson sich keineswegs auf sprachliche Metaphern beschränkt und sich auf alle Modalitäten menschlicher Erfahrungen bezieht. Nachvollziehbar kritisiert er die jedoch in den Texten der Gründer der kognitiven Metapherntheorie stattfindende empirische Verengung der Analyse auf textlich verfasstes Material.

2.1   Erschließen der Übertragung von Quelle auf Ziel

Sein Weiterdenken des Ansatzes macht darauf aufmerksam, dass die für Metaphern konstitutive Übertragung von Sinn(lichem) aus einem Quellbereich in einen Zielbereich bei visuellem Material zunächst erheblich schwerer zu erschließen ist. In Forcevilles Empirie, die sich zunächst die Analyse von Werbeanzeigen stützt (Forceville 1996, S. 162 f.), ist dieses Problem allerdings weniger deutlich: Die Übertragung von einem Quellbereich auf einen Zielbereich ist durch das beworbene Produkt gegeben, das mit den Konnotationen eines Quellbereichs aufgeladen wird. Als Beispiel sei an eine etwas aufdringliche Reklame für eine Biersorte erinnert, in der viel Wasser in Form von Quellen und Bächen durch grüne Getreidefelder und Wälder in imposanten Landschaftskombinationen fließt, um bei einem eindrucksvoll-schäumenden Einschenken zu enden. Hier wird recht deutlich das metaphorische Konzept gebildet, dass dieses Gebräu die reine Natur sei, was zudem verbal von einer Stimme aus dem Off noch bekräftigt wird. Diese Szene repräsentiert einen Spezialfall der absichtsvollen Metaphernbildung und berührt nur partiell die Idee einer latenten Strukturierung des Denkens und Handelns durch Metaphern im Sinne Lakoffs und Johnsons. Allerdings liegt hier ein Fingerzeig verborgen, dass kommunikative Absichten, die im Bild und in den sozialen Arenen der Bildvermittlung erschlossen werden können, für die Formulierung von Quelle und Ziel relevant sind.

2.2   Die unvermeidbare Übersetzung in die Sprache

Weil Quelle und Ziel der Übertragung in Bildern verbal nicht gegeben sind, muss für die Analyse die visuelle Inszenierung sprachlich übersetzt werden – mit allen möglichen Verlusten und verzerrenden Zuspitzungen. Die Rolle der InterpretInnen wird zentral (Forceville 2016, S. 4). InterpretInnen müssen konstruieren, müssen Bildkontexte als Fährten lesen und benennen können (Forceville (1996, S. 40 ff). Allerdings verschleiern bereits Lakoff und Johnson den produktiven Moment einer zuspitzenden Neuformulierung eines Konzepts als bloße Zusammenfassung von Text, während der Akt, eine Gruppe von Metaphern mit der Überschrift „Diskussion ist Krieg" oder „Liebe ist eine Reise" zu überschreiben, sich besser als (induktive, abduktive) interpretative Leistung charakterisieren lässt (Schmitt 2017, S. 88–112).

2.3   Jenseits der „reinen" Bilder: Multimodalität und ihre Überschreitung

Bei seiner Analyse von Werbespots stößt Forceville auf ein schon erwähntes Kennzeichen des durch das Internet erleichterten Bildkonsums: Bilder stehen in sozialen Netzwerken nicht für sich, sondern sind durch Text im Bild und Text zur Bildbenennung gerahmt, durch weitere visuelle Hinweise (Icons, „likes") bewertet, von weiteren, sich untereinander kommentierenden Texten erweitert, und schließlich rahmt das Medium den Zweck der Kommunikation als Selbstpräsentation. In filmischer Version, egal ob ein Werbespot, Youtube-Streifen oder klassischer Film werden Bilder neben Texteinblendungen auch durch Bildfolgen und Geräusch und Musik akustisch unterlegt (Forceville 2008, S. 469 ff.). Das bedeutet für die Metaphernanalyse: Wenn zu einem Spot oder in einem Film die Melodie von „We are the Champions" eingefügt wird, dann wird ein weiterer – oder in einem anderen Modus bereits präsentierter – Quellbereich einer Metaphorik eingeführt. Forceville nennt solche Überlagerungen „embedded multimodal metaphor" (ebd., S. 474). Was aber ist „Multimodalität"? Forceville beschreibt bisherige Definitionsversuche als „daunting task" (ders. 2016, S. 5) und schlägt eine provisorische Liste der Modalitäten vor: „spoken language, written language, visuals, music, sound, gestures, smell, taste, and touch" (ebd.). Er ist sich bewusst, dass er hiermit eine kaum einzuholende Komplexität generiert, jede Modalität separat zu analysieren, und resümiert, es wäre hilfreich „to have a supra-modal, and even supra-medial, model for analyzing communication" (ebd.,

S. 17). Wie könnte die von Forceville anvisierte supra-modale oder supra-mediale Analyseebene formuliert werden? Forceville führt eine Lösung des Problems in seinen szenischen Beschreibungen von Filmen vor (ders. 2008, S. 471 ff.), ohne es auf den Begriff zu bringen.

3   Jenseits des Multimodalen: die szenische Hermeneutik nach Alfred Lorenzer

Bereits Forceville (1996, S. 20 ff.) lädt dazu ein, Metaphern als szenische Übertragungen zu verstehen: Wenn der Mensch als Wolf metaphorisiert wird, werden ja nicht einzelne Eigenschaften übertragen, sondern typisierte Szenen des Angriffs, der Vernichtung und des Verschlingens. Auch die Lakoff und Johnson gebildeten metaphorischen Konzepte: „Diskussion ist Krieg", oder „Liebe ist ein Weg" können als Kürzel für Szenen gelesen werden. Vielversprechend ist an dieser Überlegung, dass Szenen mehr als eine Modalität umfassen – sie integrieren Bilder, Sprache, Geräusch, Mimik und Gestik, auch Geruch und Geschmack und den mit ihnen verbundenen Bedeutungen und Geschichten.

Der Begriff der Szene ist allerdings in der sozialwissenschaftlichen Literatur nur in der „szenischen Hermeneutik" nach Alfred Lorenzer ausgearbeitet worden. Er hat als Psychoanalytiker (Lorenzer 1970) eine neue Deutung der Psychoanalyse vorgelegt, die vor allem von den behandlungstechnischen Schriften Freuds ausgeht und die Psychoanalyse als Hermeneutik interpretiert. Er verbindet Psychoanalyse mit der Symboltheorie von Susanne K. Langer und entwickelt einen Anschluss an die kritische Theorie. Der Ansatz veränderte im Laufe der Jahre den Schwerpunkt von einer szenischen Hermeneutik zu einer Tiefenhermeneutik (König 2012), die in einem gruppentherapie- oder supervisionsähnlichen Setting in freier Assoziation zu dem jeweils zu untersuchenden Material arbeitete. Diese Arbeitsweise hat einerseits viele Forschende, die nicht psychoanalytisch initiiert waren, ausgeschlossen, andererseits verstellt sie auch ein qualitativ-vergleichendes Potenzial des Ansatzes. Es lässt sich an Lorenzers Texten entwickeln und könnte ein Vorgehen ermöglichen, das den psychoanalytischen Kontext überschreitet.

Lorenzer (1986, S. 54 f.) bezieht sich zur Darstellung der szenischen Hermeneutik auf Freuds Darstellung des Spiels eines anderthalbjährigen Kindes, das häufig alle Gegenstände weit von sich wirft und ein lang gezogenes „o-o-o-o" äußert, das nach Einschätzung der Mutter und des zu Besuch weilenden Freuds „fort" heißt. Das Kind spielt also „Fortsein". Eine Szene mit rudimentären sprachlichen Hinweisen wird damit von Freud eine sinnhafte Intention unterstellt. Das eigentliche

„szenische Verstehen" benötigt den Vergleich mit weiteren Handlungsabläufen;
in diesem Beispiel ist es eine Variation des Spiels, die Freuds Deutung bestätigt:
Das Kind spielt auch mit einer Holzspule, die mit einem Bindfaden umwickelt ist.
Es wirft sie ebenso fort, sagt wieder „o-o-o-o", also „fort" und zieht sie wieder zu
sich heran, sagt aber nun mit freudigem Ton: „Da" (ebd.) Der Vergleich der Szenen zeigt nun nach Freuds Einschätzung ein vollständiges Spiel aus Verschwinden
und Wiederkommen. Eine dritte szenische Komplettierung des Verstehens ist Freud
möglich, weil er als Besucher die Lebenspraxis der Eltern und des Kindes kennt.
Durch die Betonung der etwas fremd anmutenden Bravheit des Kindes bereitet
er das Verständnis dafür vor, dass es sich vielleicht durch das Spiel mit der Garnrolle für die Abwesenheiten der Mutter entschädigt. Es setzt sich aus der passiven,
erduldeten Rolle in die aktive und inszeniert das Spiel als Wiederholung und Ver-
arbeitung seiner Erfahrung, in dem das Kind der Garnrolle antut, was ihm widerfährt. In Lorenzers Formulierung: *„Die eine Szene bedeutet die andere; die eine
Szene legt die andere aus."* (ders. 1986, S. 55). Lorenzer sieht in diesem szenischen
Verstehen die Kernoperation psychoanalytischen Verstehens, der er noch eine weitere Szene hinzufügt: die der Übertragung. In der klinischen Situation ist es die
Übertragung von älteren Beziehungserfahrungen der KlientInnen auf das thera-
peutische Personal – das mag in Interviews auch vorkommen, findet aber bei der
Analyse einer Reportage keine Anwendung. Ihr Gegenpart, die Gegenübertragung,
lässt sich aber nutzen: Das Material rührt in uns ja auch Empfinden, Affekte und –
werden diese durchgearbeitet – Erinnerungen an eigene erlebte Szenen an. Die
szenische Hermeneutik nach Lorenzer erfasst auch diese vom Material induzierte
Involviertheit der Interpreten als weitere Quelle und gleicht sie mit den im Material
rekonstruierten Szenen ab.

Lorenzer formuliert im Rückgriff auf Langer das Vorhandensein von unbewussten sinnlich-symbolischen Interaktionsformen, die aus frühen Beziehungserfahrungen stammen und die nicht bzw. nur eingeschränkt in Sprache zu
übersetzen sind, jedoch auch im öffentlichen Raum in Spiel, Bildern, Archi-
tektur und Kunst als "präsentative Symbolik" weiter leben. Sie sind nur begrenzt
kommunizierbar und entziehen sich in ihrer Vieldeutigkeit den sozialen Normen (Lorenzer 1986, S. 56). Auch die Traumbilder würden in diesem Sinn zu
den sinnlich-symbolischen Interaktionsformen zählen (ebd.). Ihnen setzt er
die „sprachlich-symbolischen Interaktionsformen" gegenüber, die als Sprache
unbegrenzt kommunikabel sind. Diese beiden Stufen der Symbolorganisation
zeigen Ähnlichkeiten mit der Trennung von kommunikativem und konjunktivem
Wissen, das die dokumentarische Methode nach Bohnsack voraussetzt – dazu
im nächsten Schritt. Zunächst soll bilanziert werden: Was hat nun der Exkurs zu
Lorenzer für eine Bildanalyse erbracht?

a) Jenseits der Fokussierung auf eine Modalität wie Bild oder Text ermöglicht es Lorenzers Begriff des Szenischen, Bedeutung von Interaktionen auf mehreren Sinnesebenen aus dem Vergleich von Handlungsabläufen zu erschließen.

b) Auch Szenen lassen sich als Übertragung älterer Muster des Erlebens (Quellbereich, im Beispiel: Fortsein der Mutter) auf neue Themen, Formate und Kontexte verstehen (Zielbereich, im Beispiel: das Spiel mit Gegenständen) – sie erfüllen damit ein Kernkriterium der Metaphorizität.

c) Der Zielbereich dürfte sich in der Regel aus dem unmittelbaren Verstehen der Intentionen in den (bildlichen) Szenen bzw. ihrer kommunikativen und intentionalen Rahmung ergeben.

d) Der Quellbereich, aus dem ältere Muster, Motive und Motivationen entstammen, kann durch einen Vergleich von Varianten der Szenen erschlossen werden.

4 Ein Seitenblick auf die dokumentarische Bildanalyse

Die Methode der dokumentarischen Analyse von Bildern (Bohnsack 2010; Przyborski 2018) ist differenziert ausgearbeitet – lässt sich von der Praxis der dokumentarischen Bildanalyse etwas für unseren ganz anderen theoretischen Rahmen lernen? Es fallen Übereinstimmungen in der Notwendigkeit der Versprachlichung, in dem Einbezug des Kontexts und des szenischen Gehalts und in der Annahme zweier unterschiedlich zugänglicher Formen des sozialen Wissens auf:

- Auch die dokumentarische Interpretation leistet eine Übersetzung von der visuellen Modalität in die sprachliche. Dies geschieht in der sog. „formulierenden Interpretation" des immanenten Sinns auf zwei Wegen: In der „vorikonografischen Interpretation" werden unter Einklammerung des Hintergrundwissens die Bildinhalte versprachlicht; in der „ikonografischen Interpretation" wird der soziale und historische Kontext expliziert, wie es oben bei Forceville gefordert wurde.

- Die „reflektierende Interpretation" zielt auf den Dokumentsinn und besteht ebenfalls aus zwei Abschnitten: Die „ikonische Interpretation" versucht mit technischen Hilfsmitteln (Linien zur Bildaufteilung, Erfassen der Perspektivität) eine vorsprachliche Präsentation zu elaborieren, und erst recht die Suche nach einer versteckten Choreografie zielt auf einen szenischen Gehalt, der nicht in den einzelnen Details als solcher zu finden ist. Die in der „ikonologisch-ikonischen" Interpretation zu erfassende Diskrepanz zwischen dem Wie und dem Was der Darstellung spiegelt die Unterscheidung zwischen latenten, unbewussten und sprachlos inszenierten Beziehungsfiguren und den bewussten, expliziten oder leichter zu explizierenden Bildaussagen, wie sie Lorenzers szenische Hermeneutik vorschlägt (vgl. Przyborski 2018, S. 155–160).

Auch wenn wegen des anderen theoretischen Hintergrunds eine Übernahme von Teilen der Methode nicht möglich ist, so ermutigt der Seitenblick, ebenfalls zwei Ebenen der Sinnrekonstruktion in der Analyse vorzuschlagen.

5   Zwischen Pokal und Hospital: Eine Reportage zur Tourist Trophy 2018

Der folgende Abschnitt trägt die bisherigen Überlegungen zu einer von der kognitiven Linguistik gestützten Bildanalyse mit dem Text auswertenden Prozedere der Metaphernanalyse (Schmitt 2017; Schmitt et al. 2018) zusammen und führt sie am Beispiel einer Reportage eines Motorradrennens durch. Der Motorradrennsport eignet sich exemplarisch für das Thema „Erfolg" und „Scheitern", denn Sport ist als Teil westlicher Gesellschaften sowohl Wirtschaftsfaktor, Industrieförderung wie gelebter und inszenierter Wettkampf, damit Träger zentraler Werte dieser Kultur wie ihr scheinbarer Gegenteil zur Arbeitswelt (Bette 2010). Extremsportarten eignen sich wegen des besonderen Einsatzes hoher Güter, d. h. der eigenen Gesundheit und ggf. des eigenen Lebens, um diese Zuspitzungen eines Kampfs um Anerkennung zu studieren. Die Erfahrung eines Motorradrennens soll im Genre der Text und Bild verbindenden Reportage untersucht werden. Dies ist nicht die Perspektive der Fahrenden selbst, auch wenn diese durch Interviews manchmal einbezogen werden, sondern die Perspektive der als ReporterInnen stellvertretend Beobachtenden, deren Bericht Lektüreerwartungen in mindestens dem Umfang erfüllt, dass eine solche Zeitschrift wirtschaftlich erfolgreich genug ist, um weiter zu bestehen.

5.1   Indikation klären, Zielbereiche identifizieren

Dieser erste Schritt einer Metaphernanalyse (Schmitt 2017, S. 459 f.) klärt, ob die Forschungsfrage mit der Metaphernanalyse beantwortet werden kann – dies ist der Fall, wenn nach Sinn bildenden Mustern kollektiver oder individueller Akteure gefragt wird. In diesem Fall ist also die Frage beantwortbar, mit welchen metaphorischen Mustern dieser Sport in den Reportagen begriffen wird und was seine Anziehungskraft auf die Lesenden der (Internet-)Journale ausmacht. Aus der Frage lassen sich also Zielbereiche ableiten, deren Metaphorisierung untersucht werden soll: „Erleben" und „Deuten" des Motorradrennens sind die leeren Zielbereiche, deren Ausgestaltung untersucht wird.

5.2   Der kontrastierende Hintergrund und die Eigenanalyse

Der zweite Schritt einer Metaphernanalyse (Schmitt 2017, S. 460–466) umfasst zwei Aufgaben: Zunächst wird nach kontrastierenden Hintergründen bzw. Vergleichshorizonten gesucht, idealerweise nach metaphernanalytischen Arbeiten zu ähnlichen Themen. Allerdings sind keine metaphernanalytischen Studien im Kontext des Rennsports bekannt. – Die zweite Frage gilt der Standortgebundenheit der InterpretInnen, spezifischer: den prägenden Metaphern der InterpretInnen, die diese biografisch und milieuspezifisch erworben haben, für selbstverständlich halten, für wörtlich wahr nehmen und im Material und bei sich übersehen. Diese notwendige Eigenanalyse erworbener Weltsichten und blinder Flecken lässt sich mit der Analyse eigener schriftlicher Produktionen durchführen (Hinweise im Fall des Autors: ebd., S. 463). Die Metaphernanalyse geht nicht davon aus, dass die eigenen Werthaltungen „eingeklammert" werden können (vgl. Bohnsack 2010, S. 130), sondern als habituelle metaphorische Vorprägungen ausgearbeitet werden müssen.

5.3   Erhebung des Materials/Sampling

Für die Erhebung des Materials gelten in der Metaphernanalyse die üblichen in qualitativer Forschung bekannten Hinweise, also passend zur Forschungsfrage zu sampeln, den Einfluss der Erhebung auf die Datenqualität zu reflektieren – so sind z. B. metaphorisch aufgeladene Interviewfragen ein Problem, u. a. (vgl. Schmitt 2017, S. 467 f.). Für die Entwicklung der kognitiv-linguistisch inspirierten Bildanalyse, die auf Kontexte achtet, bot sich aus der Breite des Motorradrennsports eine Bildreportage auf der Homepage des ältesten und auflagenstärksten deutschen Magazin „Das Motorrad" zu einem der ältesten und bekanntesten Rennen an: die Tourist Trophy auf der britischen Isle of Man (Börner 2018). Sie wird auf natürlichen Inselstraßen durchgeführt, hat also keine von

heutigen Rennstrecken bekannten Sicherheitselemente: also Auslaufzonen, Kies-
betten oder weitere Sturzräume mit Rasen oder gepolsterte Hindernisse. Sie führt
durch Ortsdurchfahrten mit Geschwindigkeiten über 300 km/h. Das ist natürlich
gefährlich; in der Reportage zu diesem Rennwochenende werden zwei tote und
ein schwerstverletzter Rennfahrer berichtet. Weil es zu gefährlich ist, ist dieses
Rennen nicht mehr Teil einer internationalen Rennserie oder Weltmeisterschaft.
Dennoch zählt das Rennen auf der Isle of Man bis zu 35.000 Zuschauende. Ein
erster Überblick über die mit der Reportage als Link verbundene selbstständige
Bildserie zeigt Motorräder im Sprung über Straßenhügel, in den Anbremszonen
vor den Kurven oder im Kurvenscheitelpunkt (ebd.). Als Gemeinsamkeit kann
formuliert werden, dass die Bilder durchweg instabile und damit riskante Gleich-
gewichtszustände darstellen. Für die genauere Analyse wurden zwei Bilder ausgewählt, die als eine der wenigen zwei aufeinander folgende Fahrzustände zeigen.

Für umfangreichere Forschungsfragen wären andere Berichte vom gleichen
Rennen, von anderen Motorradstraßen- wie auch Geländesportveranstaltung vergleichend zu erheben.

Reportage zur Tourist Trophy, Bild Nr. 47 (Toni Börner)

Reportage zur Tourist Trophy, Bild Nr. 48 (Toni Börner)

5.4 Systematische Analyse des Materials

Dieser Schritt der Metaphernanalyse umfasst bei textlichem Material zwei Schritte: die Identifikation der metaphorischen Redewendungen und die Bildung metaphorischer Konzepte aus Redewendungen, die auf den gleichen Quell- und Zielbereich verweisen. Für Bildanalysen, in denen die Unterscheidung von Quell- und Zielbereich erst etabliert werden muss, wird der folgende Ablauf vorgeschlagen:

5.4.1 Rekonstruktion des manifesten Inhalts zur Benennung des Zielbereichs

Zunächst werden alle sichtbaren Phänomene und ihre Verbindungen im Bild beschrieben, dann mit der expliziten intentionalen Rahmung der Bildpräsentation in ihren Kontexte verglichen, um daraus den Zielbereich (oder mehrere Zielbereiche) abzuleiten.

5.4.1.1 Beschreibung aller sichtbaren Phänomene und ihrer Verbindungen

Das Foto (Nr. 47) ist am Ausgang einer Straßenkurve aufgenommen. Im Zentrum des Bilds ist mit maximaler Schärfe ein aerodynamisch verkleidetes Rennmotorrad aufgenommen, das nach rechts geneigt durch die Kurve fährt. Darauf sitzt ein Fahrer (laut Text keine Fahrerin) in blauem Rennanzug und schwarzem Helm. Beide sind mit Aufklebern versehen, noch mehr die Verkleidung, deren

Grundfarbe sich nicht bestimmen lässt. Das Knie des Fahrers hängt in die Kurve, während der Oberkörper des Fahrers gegenläufig stärker auf der linken Seite der Verkleidung zu sehen ist. Das Hinterrad steht nicht in der gleichen Flucht-linie wie das Vorderrad, sondern links davon. Auf der rechten unteren Seite ver-läuft ein durchgehender weißer Randstreifen neben Randsteinen (grau/weiß abwechselnd), dahinter zieht sich bis auf drei viertel der Bildhöhe eine mit hohem Gras bewachsene Böschung, auf der oben zwei-drei Zuschauer sitzen (unscharf). Stärker zur linken Seite sind durchbrochene weiße Markierungen auf der Straße zu sehen. Auf der linken Straßenseite endet eine unscharf aufgenommene rote Mauer; auf ihr und der ansteigenden Böschung sitzen ca. 20 Zuschauende. Den Bildhintergrund bildet ein Haus und ein davor angebrachter Spiegel, der in einen Seitenweg blicken lässt. Im folgenden Foto 48 ist der Hintergrund unverändert. Der Fahrer hat den Streifen der weißen Markierung überfahren. Das Knie ist jetzt fast eingezogen, das vordere Rad befindet sich wenige Zentimeter in der Luft, Vorderrad und Hinterrad stehen nach wie vor nicht in einer Fluchtlinie.

5.4.1.2 Rekonstruktion der expliziten intentionalen Rahmung der Bildpräsentation

Die Bildunterschrift aller Bilder lautet: „Impressionen von den Rennen der Isle of Man TT 2018", es wird nicht angegeben, an welcher Stelle des Kurses die Bilder gemacht wurden. Der Titel der Reportage lautet: „Isle of Man TT 2018 Rennen: Hickman gewinnt Senior TT mit absolutem Rundenrekord". Aus der Reportage ist nicht zu entnehmen, welcher Fahrer welche Startnummer hatte, so ist unklar, ob hier der Sieger oder einer der auf den hinteren Rängen landende Fahrer oder gar einer der zwei Toten dieser Rennwoche in dem Bild zu finden ist. Der Text der Reportage berichtet Trainings- und Rennläufe und erwähnt die zahl-reichen Zuschauenden, von denen einer eine Ordnungsstrafe erhält, weil er auf die abgesperrte Strecke läuft.

5.4.1.3 Zusammenfassende Benennung der Zielbereiche

Zwischen den Bildern und dem Text treten auf der manifesten Oberfläche keine Differenzen auf, die z. B. bei ironischen Unterschriften oder Kommentaren denk-bar wären. Der Zielbereich lässt sich also ohne Schwierigkeit "Motorradrennen auf der Straße" benennen, allenfalls könnte man über den Abstraktionsgrad strei-ten und dieses spezifische Rennen auf der Isle of Man als Zielbereich benennen, oder noch differenzierter: das Fahren eines Rennmotorrads und das Zuschauen.

5.4.2 Szenische Rekonstruktion der Quellbereiche

Was aber sind die sinnlich-konkreten, latenten Quellbereiche, in denen das Erleben des Rennens in der Reportage nachgezeichnet wird? Die Überlegungen von

Forceville und Lorenzer legen zwei Untersuchungsschritte nahe: eine szenische Beschreibung des Inhalts der Bilder und dann eine szenische Beschreibung, in welcher Form und Perspektive der Betrachtende in das Bild integriert wird, um eine durch das Bild induzierte Gegenübertragung zu benennen. Anhand beider Quellen werden vergleichend Quellbereiche formuliert. In diesen Schritten lässt sich Kontext- und Hintergrundwissen einfügen, das die Szenen verdeutlicht.

5.4.2.1 Szenische Beschreibung des Inhalts der Bilder

Hier interessiert, wer wie mit wem und mit was in welcher Weise interagiert, wobei auch nicht-menschliche „Akteure" einbezogen werden. Zum Bild also: Zunächst fällt die Diskrepanz zwischen der Momentaufnahme und der Rasanz eines wirklichen Rennens auf: Das Geschehen dürfte sich in einer Sekunde vollzogen haben. Es ist eine stillgestellte Dynamik, deren Dramatik nur versteckt zu erkennen ist: Obschon der Hinterradreifen aus der Flucht des Vorderrads in Richtung Kurvenaußenseite driftet, beschleunigt der Pilot so kräftig, dass die Maschine vorne leicht aufsteigt und sowohl das Gewicht von Fahrer und Maschine wie die Fliehkraft zur Kurvenaußenseite auf dem rutschenden Motorradhinterreifen liegen. Im Sinne maximaler Beschleunigung ist die Verlagerung des Gewichts auf das antreibende Hinterrad sinnvoll. Es setzt voraus, dass der Pilot durch das Bewegen des Gasgriffs die Grenze der Haftreibung der Reifen nicht so überfordert, dass diese in die viel schwächere Gleitreibung übergeht und das Motorrad samt Fahrer aus der Kurve rutschen lässt. Bei erhaltener Haftung der Reifen besteht beim Beschleunigen allerdings die Gefahr eines „Wheelie", d. h. eines unkontrollierten aufsteigenden Vorderrads mit einem Überschlag nach hinten. Es handelt sich also um eine Balance in zwei Richtungen unter der Bedingung, diese Balance in Sekundenbruchteilen dem wechselnden Straßenbelag anzupassen. Üblicherweise bieten Straßenmarkierungen wie die im Bild überfahrene weniger Haftung und führen schneller zum Sturz, in diesem Fall an die Mauer (keine Auslaufzone). Die Haftung von wenigen Quadratzentimetern Gummi, auf die bei derzeitigen Motoren über 200 PS ausgeübt werden, entscheidet also zwischen Pokal und Hospital, es ist eine Balance auf der Grenze. Diese Balance-Übung findet vor einer zuschauenden Öffentlichkeit statt, die das Motorrad von hinten sieht. Soziale Ordnungen werden von dem Fahrenden überschritten – sei es die der Markierungen auf der Straße wie Ordnungen des geregelten Straßenverkehrs, bei dem man nicht die ganze Straße zur Verfügung hat; oder diese Ordnung ist temporär suspendiert worden.

Als sinnliche Quellbereiche lassen sich für das Fahren eines Motorradrennens also gegensätzliche Erlebnisformen rekonstruieren: gelungene Balance oder antizipierter Sturz, das Überschreiten (bzw. Überfahren) von sonst eingehaltenen Grenzen; das Zuschauen figuriert als ungefährliches Hinterhersehen.

5.4.2.2 Szenische Beschreibung der Integration der Betrachtenden in das Bild

Der Beobachter scheint am Ende der kleinen Mauer links zu sitzen – üblicherweise dürfte am äußeren Kurvenausgang bei einem Motorsportereignis wegen der erwartbaren Gefährlichkeit sich niemand aufhalten. Das Bild wurde offenbar mit einem Teleobjektiv aufgenommen und versetzt den Betrachtenden wenige Meter vor das Motorrad. In beiden Bildern scheinen Motorrad und Fahrer im Fall des Gelingens nur knapp am Betrachtenden vorbei zu fahren; im Falle des Misslingens des Balance-Akts würden beide auf die Mauer und dort in den Betrachter stürzen. Der sinnliche Quellbereich umfasst hier also Schrecken und Bedrohung. Aber diese Nähe kann auch anders gelesen werden, als eine Suche nach Nähe, als Studieren der Fahrtechnik bis hin zu Identifikation: Was kann ich machen, um auch so erfolgreich fahren zu können? Hier stehen zwei mögliche Gegenübertragungen zur Wahl, und es gibt kein Argument, einer den Vorzug zu geben. Als Übertragungen wären also zu notieren: Zuschauen als Schrecken/Bedrohung und als Annäherung/Identifikation.

5.4.3 Zusammenfassende Benennung der Quellbereiche

In der von Lakoff und Johnson übernommenen Schreibweise, metaphorische Konzepte als kürzelhafte Gleichungen zwischen Ziel- und Quellbereichen zu formulieren, lassen sich zusammenfassend die folgenden Konzepte entwickeln:

- Motorradrennfahren ist eine virtuose Balance;
- Motorradrennfahren ist (antizipierter) Sturz;
- Motorradrennfahren ist Überfahren von Grenzen;
- Zuschauen ist sicheres Hinterherschauen;
- Zuschauen ist erlebter Schrecken;
- Zuschauen ist Annäherung oder Identifikation.

Die Gleichzeitigkeit von gegensätzlichen szenischen Angeboten erlaubt die Formulierung einer Mehrdeutigkeit, die im Bild angelegt ist – es existiert (im Vergleich zu anderen Auswertungsmethoden wie der objektiven Hermeneutik) kein Zwang, sich für eine Lesart entscheiden zu müssen. Stattdessen scheint eine Entfaltung des Übertragungspotenzials in unterschiedliche Richtungen sinnvoll. Das Herausarbeiten heterogener präsentativ-szenischer Angebote an die Betrachtenden ist denn auch ein Unterschied zu Forceville, der dieses nicht in Betracht zieht.

5.5 Interpretation mithilfe einer Heuristik

Die Heuristik ist innerhalb der Metaphernanalyse eine Sammlung von bisher erprobten Strategien der Interpretation von metaphorischen Konzepten; insbesondere die Überlegung von Lakoff und Johnson, dass Metaphern gleichzeitig Zusammenhänge hervorheben und andere verbergen, gilt als wesentlicher Hinweis zur Entfaltung der Bedeutung der metaphorischen Konzepte (Schmitt 2017, S. 498–518). Wegen des begrenzten Umfangs dieses Aufsatzes wird nun das obige Beispiel nicht in dieser Weise vertieft, sondern eine mit der Bildanalyse entwickelte weitere Strategie skizziert: Das Verhältnis von Bild und umgebendem Text kann synchron, ergänzend, wechselseitig kommentierend, antagonistisch etc. sein; dieses Verhältnis soll hier exemplarisch untersucht werden.

Dieser Schritt setzt eine Metaphernanalyse der begleitenden Reportage voraus, die hier aus Umfangsgründen nur mit den gefundenen und gesättigten Konzepten dargestellt wird:

- Straßenrennen als Kampf (Es war ein *erbarmungsloser Fight* zwischen Harrison und Hickman // *Er kämpft* im Krankenhaus von Liverpool *um sein Leben*)
- Räumliche soziale Ordnung: horizontal (X ist *vor* Y).
- Räumliche soziale Ordnung: vertikal (ganz *oben* auf dem Podest sein)
- Räumliche soziale Ordnung: vertikal/invers (Rekorde *unter*bieten)
- Person ist Rang in der Zahlenreihe *(erster, dritter ...)*
- Der Geschwindigkeitsdurchschnitt als zahlenorientierte Präzisierung der Rangordnung
- Das *Verpassen* eines Ziels
- Sieg ist Gegenstand/Gabe vs. Verlieren von etwas (und *schnappte sich die Führung // Dieses Rennen hat Kneen heute für immer verloren*)
- Straßen, Motorradklassen und Podeste als Behälter
- Stürze und Verletzungen sind „schwer"
- Unfälle „passieren" oder „kommen vor"
- Das Fahren von Rennen als Schaffen/Arbeiten
- Visuelle soziale Positionierung: Fahren als Angeschautwerden vs. bei Defekt/ Unfall zuschauen müssen.

Die Unterschiede sind deutlich: Die Bilder orientieren auf die Ambivalenzen, Affekte und Instabilität (gelungene Balance vs. Sturz, der Überschreitung von Grenzen, zwischen Schrecken und Identifikation); im Text dominiert die erkämpfte Rangordnung der Rennfahrer in numerisch-skalierenden oder räumlichen Metaphern. Tödliche oder schwere Unfälle erscheinen nicht auf Bildern, aber (nur knapp) im Text und werden dort in weitere Deutungsmuster integriert: statt des Kampfes um den Sieg der „Kampf um das Leben", oder das Rennen bzw. das Leben „verlieren". Die affektive Beteiligung des Zuschauenden zwischen Schrecken und Mimesis wird in Bildern evoziert, nicht im Text. Die Reportage stellt sich also als Einheit aus unterschiedlichen und ergänzenden metaphorischen Deutungsangeboten heraus. Eine Analyse, die sich nur auf den Text oder nur auf die Bilder stützt, verkürzt also das Phänomen. In diesem Fall der Reportage sind Text und Bild ergänzend aufeinander angewiesen.

Im Hinblick auf eine Soziologie des Scheiterns (Junge 2004) können hier nur Andeutungen gemacht werden: Erfolg und Scheitern werden in diesem Kontext in einigen Mustern zwingend zusammengedacht (Balance und Sturz, Sieg und Niederlage), bleiben ambivalent (Überfahren von Grenzen) oder sind in räumlichen oder skalierenden Schematisierungen (oben/unten, Zahlenangaben) miteinander verbunden. Die Analyse der Bilder und des Textes, der seine Lesenden sucht, verdeutlicht, dass die Frage nach Erfolg und Scheitern auf ein Beobachten angewiesen ist, worauf Blumenberg (1988) in seiner Exegese der Metapher vom „Schiffbruch mit Zuschauer" bereits hingewiesen hat.

5.6 Triangulation, Gütekriterien, Verallgemeinerung

Dieser Schritt einer Metaphernanalyse (Schmitt 2017, S. 518–527) entfaltet eigene Gütekriterien einer Metaphernanalyse. Diesen methodenspezifischen Kriterien wäre hier die Sättigung durch vergleichbare Szenen hinzuzufügen. Der Vergleich von Bildern wird zur Rekonstruktion von Muster-Szenen jedoch erheblich aufwendiger als bei Textanalysen, da diese erst umfangreich verschriftet werden müssen. Die Nutzung von maximal entfernten Kontraste, z. B. die sich aufbäumenden Pferde barocker Reiterstandbilder im Vergleich zu den mit dem Vorderrad abgehobenen Motorrädern könnte die Analyse absichern (zeigen Mensch-Tier-Hybride und Mensch-Maschine-Hybride eine ähnliche Verknüpfung von Instabilität und Kontrolle?).

6 Unvollständiges und Perspektiven

Dieser kurze Text, der eine Methodenentwicklung im Moment ihrer Entstehung nachzeichnet, hat wegen dieses Schwerpunkts den Gegenstand weder in sport- und techniksoziologische Zusammenhänge eingebettet noch einer Soziologie des Gelingens und Nichtgelingens explizit zugearbeitet, auch wenn mögliche Anknüpfungen hoffentlich sichtbar wurden. Festzuhalten bleibt, dass am Grundgerüst des Ablaufs einer Metaphernanalyse festgehalten werden konnte, jedoch bei der Rekonstruktion von Quell- und Zielbereichen weitere theoretische Anregungen von Kritikern der kognitiven Linguistik (Forceville) und aus der Psychoanalyse (Lorenzer) zu einer Veränderung des Prozederes notwendig waren. Hier bestätigt sich Bohnsacks Einschätzung, dass Methodenentwicklung iterativ abläuft und nicht deduktiv aus erkenntnistheoretischen Prämissen ableitbar, sondern von eigenen Arbeitserfahrungen abhängig ist (Bohnsack 2005, S. 65). Daher ist der obige Vorschlag eines Ablaufs sicherlich nicht das letzte Wort. Eine revidierte Metaphernanalyse, die Bilder in ihrem szenischen Gehalt einbezieht, scheint möglich.

Literatur

Bette, Karl-Heinrich (2010): Sportsoziologie. In: Georg Kneer, Markus Schroer (Hrsg.): Handbuch Spezielle Soziologien. Wiesbaden, Springer VS: S. 587–604.

Blumenberg, Hans (1988): Schiffbruch mit Zuschauer. Paradigma einer Daseinsmetapher. Frankfurt am Main: Suhrkamp.

Bohnsack, Ralf (2005): Standards nicht standardisierter Forschung in den Erziehungs- und Sozialwissenschaften. Zeitschrift für Erziehungswissenschaft, Jg. 8, Beiheft H. 4, S. 63–81.

Bohnsack, Ralf (2010): Rekonstruktive Sozialforschung. Einführung in qualitative Methoden (8. Auflage). Opladen: Leske + Budrich.

Cienki, Alan/Müller, Cornelia (2008): Metaphor, gesture, and thought. In: Raymond W. Gibbs, Jr. (Hrsg.), The Cambridge Handbook of Metaphor and Thought (S. 483–501). Cambridge: Cambridge University Press.

Forceville, Charles (1996): Pictorial Metaphor in Advertising. Routledge: London and New York

Forceville, Charles (2008): Metaphor in pictures and multimodal representations. In: Raymond W. Gibbs, Jr. (Hrsg.), The Cambridge handbook of metaphor and thought (S. 462–482). Cambridge: Cambridge University Press.

Forceville, Charles (2016): Pictorial and Multimodal metaphor. In: Nina-Maria Klug and Hartmut Stöckl (Hrsg.), Handbuch Sprache im multimodalen Kontext. Berlin: Mouton de Gruyter, S. 241–260.

Hroch, Nicole (2005): Metaphern des Umweltmanagements. Marburg: Tectum.

Junge, Matthias (2004): Scheitern: Ein unausgearbeitetes Konzept soziologischer Theoriebildung und ein Vorschlag zu seiner Konzeptualisierung. In: Matthias Junge, Götz Lechner (Hrsg). Scheitern. Aspekte eines sozialen Phänomens. Wiesbaden: Springer VS, S. 15–32.

König, Hans Dieter (2012): Tiefenhermeneutik. In: Uwe Flick, Ernst von Karsdorff, Ines Steinke (Hg.) Qualitative Forschung: Ein Handbuch. Hamburg: Rowohlt, S. 556–569.

Lakoff, George/Johnson, Mark (1999): Philosophy in the flesh: The embodied mind and its challenge to western thought. New York: Basic Books.

Lakoff, George/Johnson, Mark (2018): Leben in Metaphern. Heidelberg: Carl-Auer-Systeme. [Orig.: Lakoff, George; Johnson, Mark (1980). Metaphors we live by. Chicago: The University of Chicago Press].

Lorenzer, Alfred (1970): Kritik des psychoanalytischen Symbolbegriffes. Frankfurt am Main.

Lorenzer, Alfred (1986): Tiefenhermeneutische Kulturanalyse. In: Hans-Dieter König, Alfred Lorenzer, Heinz Lüdde, Søren Nagøl, Ulrike Prokop, Gunzelin Schmid-Noerr, Annelinde Eggert (Hrsg.) Kulturanalysen. Psychoanalytische Studien zur Kultur. Frankfurt am Main: Fischer.

Przyborski, Aglaja (2018): Bildkommunikation. Qualitative Bild- und Medienforschung. Berlin/Boston: De Gruyter.

Schachtner, Christina (1999): Ärztliche Praxis. Die gestaltende Kraft der Metapher. Frankfurt am Main: Suhrkamp.

Schmitt, Rudolf (2017): Systematische Metaphernanalyse als Methode der qualitativen Sozialforschung. Wiesbaden: Springer VS.

Schmitt, Rudolf/Schröder, Julia/Pfaller, Larissa (2018): Systematische Metaphernanalyse. Eine Einführung. Wiesbaden, Springer VS.

Schütz, Alfred (2004): Begriffs- und Theoriebildung in den Sozialwissenschaften. In: Werkausgabe Bd. IV (S. 445–464). Konstanz: UVK.

Autorenverzeichnis

Tim Bausch M.A., geb. 1988 in Limburg an der Lahn, Bachelor der Politikwissenschaft und Humangeografie in Jena, 2014, sowie Master der Friedens- und Konfliktforschung in Marburg, 2018. Aktuell Doktorand und wissenschaftlicher Mitarbeiter am Lehrstuhl für Internationale Beziehungen am Institut für Politikwissenschaft in Jena. *Forschungsschwerpunkte:* Kulturtheoretische Zugänge der Friedens- und Konfliktforschung; kritische Ansätze der Friedens- und Konfliktforschung im Speziellen; qualitative Methode, insbesondere Fallanalysen, Diskursanalysen und ethnografische Methoden; Diasporaforschung; Visualität und Populärkultur in den internationalen Beziehungen sowie friedens- und konfliktwissenschaftlich Fragestellungen im Nahostkonflikt. *Ausgewählte Veröffentlichungen:* Reconciliation through the visual and pop-culture. A case study of Palestinian Refugees in Lebanon, in: Leiner, Martin/Tacchini, Davide/Barakat, Zeina, Dajani, Ayad et al. (Hrsg.): Reconciliation in the Middle East and North Africa, Vandenhoeck & Ruprecht: Göttingen, Bausch, Tim./Kneifel, Stella, 2019 (i. E.).

Prof. Dr. Lutz Finkeldey verwaltete von 1995 bis 1999 eine Professur für „Theorie und Praxis der Jugendhilfe", auf die er 1999 an der HAWK Hochschule für angewandte Wissenschaft und Kunst Hildesheim/Holzminden/Göttingen, Fakultät Soziale Arbeit und Gesundheit, zum Professor berufen wurde. Seine *Forschungsschwerpunkte* liegen in den Bereichen der soziologischen Jugend-, Professions-, Risiko- und Verstehensforschung, in denen er lehrt, nachhaltig publiziert, den wissenschaftlichen Nachwuchs fördert sowie Drittmittelprojekte durchführt und als Gutachter tätig ist. *Ausgewählte Veröffentlichungen:* Denkwerkzeuge soziokulturellen Verstehens, Edition AV 2014; Im Kino de Gesellschaft: Eine soziologische Skizze zwischen Wirklichkeit und Wahrheit. Edition AV 2016; Biographisches Verstehen in soziokulturellen Lebenswelten. Edition AV 2018.

© Springer Fachmedien Wiesbaden GmbH, ein Teil von Springer Nature 2019
M. Junge (Hrsg.), *Das Bild in der Metapher,*
https://doi.org/10.1007/978-3-658-24562-7

Prof. Dr. Matthias Junge geb. 1960 in Bonn, Studium der Philosophie, Sozialarbeit und Soziologie in Bamberg. Diplom in Soziologie 1987 in Bamberg. Promotion 1995 ebenfalls in Bamberg, Habilitation 2000 an der TU Chemnitz. Seit 2004 Professur für Soziologische Theorien und Theoriegeschichte an der Universität Rostock, Wirtschafts- und Sozialwissenschaftliche Fakultät, Institut für Soziologie und Demographie. *Forschungsschwerpunkte:* Metaphernforschung, Kulturtheorie, Soziologische Theorie, Gesellschaftstheorie. *Ausgewählte Veröffentlichungen:* Ambivalente Gesellschaftlichkeit. Die Modernisierung der Vergesellschaftung und die Modernisierung der Soziologie. Opladen: Leske+Budrich 2000 (Habilitation); (Hrsg.) Zygmunt Bauman. Soziologie zwischen Postmoderne und Ethik. Opladen: Leske+Budrich 2001 (gemeinsam mit Thomas Kron); (Hrsg.) Scheitern. Aspekte eines sozialen Phänomens. Wiesbaden: VS 2004 (gemeinsam mit Götz Lechner); Zygmunt Bauman. Wiesbaden: VS 2006. Brock, Ditmar/Junge, Matthias/Diefenbach, Heike/Keller, Reiner/Villanyi, Dirk, Soziologische Theorien nach Parsons. Wiesbaden: VS, 2008; (Hrsg.) Metaphern in Wissenskulturen. Wiesbaden: VS, 2009; (Hrsg.) Gesellschaft und Metaphern. Die Bedeutung der Orientierung durch Metaphern. Wiesbaden: VS, 2011; (Hrsg.): Methoden der Metaphernforschung und -analyse. Wiesbaden: Springer VS, 2013; (Hrsg.): Metaphern soziologischer Zeitdiagnosen. Wiesbaden: Springer VS, 2016.

Maria Keil M.A., geb. 1987, Studium der Soziologie, Politikwissenschaft, VWL und Sozialpsychologie an der Humboldt-Universität zu Berlin, der Universität Potsdam und der New School for Social Research in New York, USA, ist wissenschaftliche Mitarbeiterin am Institut für Soziologie (Arbeitsbereich Makrosoziologie) der Freien Universität Berlin. Davor war sie als wissenschaftliche Mitarbeiterin am Institut für Soziologie der Technischen Universität Darmstadt sowie am Institut für Sozialwissenschaften der Humboldt-Universität zu Berlin und im Forschungsprojekt „Übergänge erfolgreich gestalten: Übergangsmanagement im Übergangsraum zwischen Schule und Ausbildung sowie Studium" (ASH/HWR) beschäftigt. Sie promoviert zur Reproduktion sozialer Ungleichheit im Feld der Wissenschaft und forscht außerdem zu Erwerbsbiografien und Laufbahnstrukturen in der Wissenschaft. Weitere *Forschungs- und Arbeitsschwerpunkte* sind: Allgemeine Soziologische Theorie, Soziale Ungleichheit, Wissenschafts- und Bildungssoziologie und Übergangsforschung. *Ausgewählte Veröffentlichungen:* Prekäre Profession? Ein historischer Abriss des Hochschullehrerberufs im Lichte der aktuellen Prekaritätsdebatte. In: Forum Wissenschaft, Jg. 35/2018, Heft 2, S. 4–7, 2018; Zur Reproduktion sozialer Ungleichheit im Feld der Wissenschaft. In: Berliner Journal für Soziologie, Jg. 28/2019, Heft 3 (online first); Bildungs- und Berufsentscheidungen mit Bourdieu: Aufbrechen einer Blackbox. In: Haffner, Yvonne/Loge, Lena (Hrsg.): Frauen in Technik und Naturwissenschaft. Eine Frage der Passung Opladen, Berlin, Toronto: Barbara + Budrich 2019, S. 43–75; Röcke, A./Keil, M./Alleweldt, E. (Hrsg.): Soziale Ungleichheit der Lebensführung. Weinheim, Basel: Beltz Juventa, 2019.

Prof. Dr. Corinna Onnen Studium der Sozialwissenschaften und Promotion an der Universität Oldenburg; div. Familien- und medizinsoziologischer Forschungsprojekte; Aufbau des Lehrstuhls Gender Studies/Universität Regensburg; seit 2008 Universitätsprofessorin für Allgemeine Soziologie mit dem Schwerpunkt Gender Studies an der Universität Vechta. *Forschungsschwerpunkte:* Familien-, Geschlechter- und Medizinsoziologie mit empirischem Schwerpunkt. *Ausgewählte Veröffentlichungen:* Das bürgerliche Familienideal, die Rolle der erwerbstätigen Mutter und die Autonomie des Einzelnen. In: Sozialwissenschaften und Berufspraxis. Jg. 37, H. 1, S. 18–29, 2014; Doing Gender – Doing Space – Doing Body. Feministische Kritiken an der De/Ökonomisierung von ‚Natur/en' – Entwicklung einer Forschungsperspektive (mit Sabine Hofmeister, Tanja Mölders). In: Palm, Kerstin/Jähnert, Gabriele u. a.: Materialität(en) und Geschlecht. OPEN GENDER JOURNAL 2018; Ein Netzwerk bewegter Frauen: LAGEN aus historischer und soziologischer Sicht. In: Kreutziger-Herr, Anette/Noeske, Nina u. a. (Hg.): Wege. Festschrift für Susanne Rode-Breymann. Hildesheim, Zürich, New York: Georg Olms Verlag, S. 335–342, 2018; Zum Selbstverständnis der Gender Studies. Methoden – Methodologien – theoretische Diskussionen und empirische Übersetzungen. L'AGENda Bd. 1, 2017 und Bd. 2, 2018; Bd. 3 Wiederherstellen – Unterbrechen – Verändern? Politiken der (Re-)Produktion (Hg. mit Susanne Rode-Breymann). Opladen, Berlin, Toronto: Verlag Barbara Budrich, 2018; „Frauen sterben anders als Männer. Soziologische Überlegungen zu einer demographischen Beobachtung" (mit Rita Stein-Redent). In: Jakoby, Nina/Thönnes, Michaela (Hg.): Zur Soziologie des Sterbens. Aktuelle theoretische und empirische Beiträge. Wiesbaden: Springer VS, S. 71–90, 2018.

Prof. Dr. Rudolf Schmitt Jg. 1959, Diplom in Psychologie 1985, Master in Germanistik 1988, Promotion in Psychologie 1995, mehrjährige Tätigkeit in psychosozialen Tätigkeitsfeldern und der Psychiatrie, Ausbildung in Verhaltenstherapie und Familientherapie, Habilitation 2015 in der Soziologie (qualitative Sozialforschung). Seit 1997 Professur für Beratung, empirische Forschungsmethoden, psychische Erkrankungen und Sucht an der Hochschule Zittau/Görlitz, Fakultät Sozialwissenschaften. *Forschungsschwerpunkte:* Beratungsforschung, Metaphernanalyse als qualitative Forschungsmethode. *Ausgewählte Veröffentlichungen:* (Hrsg.): Verhaltenstherapie und psychosoziale Praxis (VPP), Schwerpunkt Metaphern,

Heft 4/2014 (gemeinsam mit Thomas Heidenreich); (Hrsg.): Qualitative und quantitative Forschungsmethoden für EinsteigerInnen aus den Arbeitsfeldern Beratung, Psychotherapie und Supervision. Coburg: ZKS 2014 (gemeinsam mit Silke Britta Gahleitner und Katharina Gerlich); Systematische Metaphernanalyse als Methode der qualitativen Sozialforschung. Wiesbaden: Springer VS 2017; Systematische Metaphernanalyse. Eine Einführung. Wiesbaden, Springer VS 2018 (gemeinsam mit Julia Schröder und Larissa Pfaller).

Verw.-Prof. Björn Sedlak (Dipl. Soz.Päd./Soz.-Arb. (FH), M.A. (Uni)), verwaltet aktuell eine Professur für „Gemeinwesenarbeit" mit dem Schwerpunkt Soziale Räume an der HAWK Hochschule für angewandte Wissenschaft und Kunst Hildesheim/Holzminden/Göttingen, Fakultät Soziale Arbeit und Gesundheit. Zuvor verschiedene Stationen als wissenschaftlicher Mitarbeiter und Leitung von Forschungsprojekten. Promoviert aktuell zu Visuellem Verstehen am Beispiel Sozialer Arbeit. Seine *Forschungsschwerpunkte* sind visuelles Verstehen, Methodologie und Methodik qualitativer Sozialforschung, soziologische Grundlagen Sozialer Arbeit, forschendes Lernen sowie Theorien und Professionalität Sozialer Arbeit. *Ausgewählte Publikationen:* Und schon bist Du fremd. Junge Menschen mit und ohne Fluchterfahrung in transdifferenter Aufnahme. (Ausgezeichnet vom Art Directors Club 2018), Fruehwerk Verlag 2017; (Hrsg.): Der Region ein Gesicht geben. Sozial- und Designwissenschaftliche Studie zum Image des Landkreises Holzminden. In: Zukunftszentrum Holzminden-Höxter 2017; Didaktisch-Methodische Bausteine für anderes lernen. In: HAWK – Fakultät Soziale Arbeit und Gesundheit, Nr. 8/2017. Hildesheim (gemeinsam mit Lutz Finkeldey); Und schon bist Du fremd. Ein Interviewfilm mit fluchterfahrenen Menschen oder „Wie Kultur arbeitet" 2017. Im Internet unter: „http://blogs.hawk-hhg.de/wie_Kultur_arbeitet/".

Prof. Dr. Oliver Zöllner geb. 1968, Studium der Publizistik- und Kommunikationswissenschaft, Kunstgeschichte und Theater-, Film- und Fernsehwissenschaft in Bochum, Wien und Salzburg. M.A. in Bochum 1993. Promotion 1996 ebendort. Seit 2006 Professor für empirische Medienforschung und Mediensoziologie an der Hochschule der Medien Stuttgart, dort auch Leiter des Instituts für Digitale Ethik. Seit 2006 zudem Honorarprofessor für Kommunikations- und Medienwissenschaft an der Universität Düsseldorf. *Forschungsschwerpunkte:* Mediensoziologie, Digitale Ethik. *Ausgewählte Veröffentlichungen:* BFBS: „Freund in der Fremde". British Forces Broadcasting Service (Germany) – der britische Militärrundfunk in Deutschland. Göttingen: Cuvillier, 1996 (Diss.); (Hrsg.) Targeting International Audiences. Current and Future Approaches to International Broadcasting Research.

Bonn: Cibar, 2005; (Hrsg.) Gender im medienethischen Diskurs. Stuttgart: Steiner, 2014 (gemeinsam mit Petra Grimm); (Hrsg.) Ökonomisierung der Wertesysteme. Der Geist der Effizienz im mediatisierten Alltag. Stuttgart: Steiner, 2015 (gemeinsam mit Petra Grimm); (Hrsg.) Anonymität und Transparenz in der digitalen Gesellschaft. Stuttgart: Steiner, 2015 (gemeinsam mit Petra Grimm und Tobias O. Keber); (Hrsg.) Digitale Ethik: Werte und Orientierungen für den digitalen Alltag. Stuttgart: Reclam, 2019 (gemeinsam mit Petra Grimm und Tobias O. Keber).